해외여행, 이런 짓 절대로 하지 마라

KAIGAI RYOKO SONNA KOTO SHICHA DAME DAME by Heisei Kurashi No Kenkyu-kai
copyright ⓒ 2001 by Heisei Kurashi No Kenkyu-kai
All rights reserved.
Originally published in Japan by KAWADE SHOBO SHINSHA, Tokyo.
Korean translation rights arranged with KAWADE SHOBO SHINSHA, Japan
through THE SAKAI AGENCY and BESTUN KOREA AGENCY

이 책의 한국어판 저작권은 일본 사카이 에이전시와 베스툰 코리아 에이전시를 통해
일본 '가와데쇼보신샤'와 독점 계약한 '지원북클럽'에 있습니다.
저작권법에 의해 한국 내에서 보호를 받는 저작물이므로
무단전재나 복제, 광전자 매체 수록 등을 금합니다.

해외여행, 이런 짓 절대로 하지 마라

초판 인쇄일 · 2001년 8월 10일 / 초판 발행일 · 2001년 8월 16일
지은이 · 헤세이(平成) 생활연구회 / 옮긴이 · 김명기 / 원고 기획 · 한성출판기획
펴낸이 · 김철수 / 펴낸곳 · 도서출판 지원클럽
등록번호 · 제10-1371호 / 1996년 12월 3일
주소 · 서울시 마포구 상수동 231번지 호수빌딩 301호
전화 · (02)322-9822~5 / 팩스(02)322-9826
E-mail · jiwonbookclub.com
값 9,000원

ⓒ 2001, printed in korea
ISBN 89-86717-67-0 03980

* 잘못된 책은 바꾸어 드립니다.

해외여행, 이런 짓 절대로 하지 마라

헤세이 생활 연구회 지음 | 김명기

지원클럽

머리말

"여행지에서의 수치는 당해 봤자 본전"이라는 말이 있는데, 우리 나라 사람들은 여행지에서의 수치를 아무렇지도 않게 생각하는 경향이 있는 것 같다. 국내 여행이라면 상대방 역시 "여행지에서의 수치는 당해 봤자 본전"이라는 의식을 공유하고 있는 사람이기 때문에 흥에 겨워 다소 도를 지나쳐도 크게 나무라지 않을지 모른다.

그러나 해외 여행에서도 과연 이런 이야기가 통할까? 우리 나라에 독특한 문화가 있듯이, 외국에는 외국의, 지역에는 지역의 문화나 습관이 있다. 여행으로 아주 잠깐 동안 들를 뿐이라 해도 그런 중요한 부분을 간과해서는 안 된다.

우리 나라에서는 상식으로 굳어진 것들이 현지에서는 금기이거나 하는 일은 드문 일이 아니다. 빈축을 사는 정도라면 그나마 다행이지만, 벌금을 물어야 할 상황이 되거나 체포되는 등, 목숨에 관계되는 일조차 있을 수 있다.

일부러 해외까지 나온 이상, 누구나가 유쾌하고 기억에 남는 여행을 만들어 돌아가고 싶을 것이다. 이를 위해서는 현지의 호텔에서, 거리에서, 그리고 쇼핑 장소나 공항 등지에서 해서는 안 될 일들이 있다. 이 책은 그러한 기본적인 금기 사항들을 수록해 놓았다. 물론 만족스러운 여행이 되기 위해서는 출발 전에 주의해야 할 일도 있으므로, 이도 또한 같이 소개해 두었다.

 "국제인으로서 무시당하지 않기 위해서"라는 둥 거창하게 들먹거릴 필요는 없다. 당신이 여행을 충분히 즐길 수 있다면 그것으로 족하다. 이를 위해서라도 이 책을 충분히 읽고 많은 도움을 얻기 바란다.

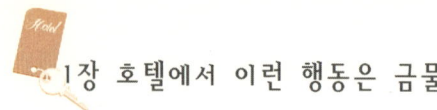 1장 호텔에서 이런 행동은 금물

호텔에서 망신을 사지 않으려면 · 19
프런트는 "프런트"가 아니다!? / 룸 키를 받아들 때 자주 범하는 실례 / 로비에서 구두를 벗으면 위험하다 / 엘리베이터의 "닫힘" 버튼은 누르지 말 것 / 트렁크를 자신이 드는 것은 촌스럽다 / 콘셰르제를 적절히 이용할 것

룸에 들어가서도 방심하지 말 것 · 23
"소형 화장실"에서 일을 보지 말 것 / 수도꼭지의 "C"는 찬물이 아닐 수도 / 느닷없이 누군가가 들어왔을 때는 즉시 도움을 요청할 것 / 룸에서 국제 전화를 쓰지 말 것 / 세탁물을 베란다에 말리는 것은 금물 / 전화는 도청될 소지가 있다 / 노크 소리에 곧바로 문을 여는 것은 위험 / "이 물을 마실 수 있느냐"고 묻지 말라

팁을 근사하게 주는 법 · 28
팁을 아무 말 없이 건네는 것은 금물 / 이런 팁은 상대방을 기분 상하게 한다 / 단체 여행을 할 때도 팁은 필요 / 카드로 지불할 때, 팁은 어떻게?

룸을 나올 때도 조심 · 32
실내를 어질러 놓고 외출하는 것은 위험 / 귀중품은 방에 두지 말 것 / 베개 밑에 귀중품을 두는 것은 금물 / 청소는 룸 메이드가 알아서 하는 것이니, 나는 상관없다!? / 카드식 키는 다른 카드와 함께 취급하지 말 것 / 비품을 가져가는 것은 범죄

무서운 일을 당하지 않으려면 · 36
키를 가지고 다닐 때는 이 점에 주의하라 / 룸에 들어가기 전에는 주위를 살필 것 / 엘리베이터에 혼자서 타는 것은 금물 / 기숙사를 이용할 때도 방심은 "적"

호텔에 대한 불만 해소법 · 40
오버 부킹(초과 예약)에 대해서는 이렇게 대처하라 / 현지의 불만은 현지에서 풀 것

호텔에 들 때 주의할 점 · 42
유스 호스텔에 묵으려면 / 호객 행위를 일삼는 호텔에 드는 것은 금물 / 체크인 시간에 주의할 것

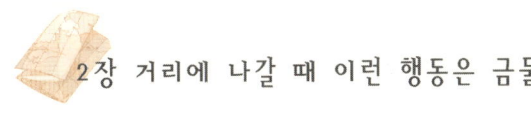

2장 거리에 나갈 때 이런 행동은 금물

어떤 복장으로 나가는 것이 좋을까 · 47
눈에 띄는 복장은 가급적 피할 것 / 커플 룩은 돈을 가지고 있다는 증거!? / 로고가 들어간 티셔츠는 촌스럽다

화장실에 갈 때는 · 49
공중 화장실을 이용하는 것은 금물 / 화장실에 갈 때는 잔돈을 가지고 갈 것 / 남성용 화장실, 짐은 어떻게? / 문을 노크하면 화를 낸다!? / 화장실은 적고, 지저분한 것으로 생각할 것

낯선 사람을 조심하라 · 53
친밀하게 말을 붙여 오는 사람에게는? / 같은 나라 사람이라도 방심은 금물 / 권하는 대로 아무 음식이나 다 먹지 말 것 / 이국의 여행객에게 길을 묻는 사람은 수상한 사람 / 단체 행동이라도 해이한 마음은 금물

위험에 처했을 때 이런 행동은 금물 · 57
바가지 요금을 요구하는 가게에서 돈을 지불할 때는? / 날치기에 저항하는 것은 금물 / "공갈꾼"에게는 냉정한 태도로 / "헬프 미" 하고 외쳐서는 안 된다

치기배를 피하는 법 · 61
두리번거리는 것은 금물 / 단정치 못한 걸음걸이는 표적이 되기 쉽다 / 차도변을 따라 걷는 것은 위험 / 어린아이라 해도 방심은 금물 / 공중 전화를 이용한 도난을 방지하려면 / 허리 색도 안심은 금물 / 가방을 어깨에 엇걸어 메는 것도 위험 / 남 앞에서 돈이 든 지갑을 꺼내지 말라 / 지갑을 뒷주머니에 넣고 다니는 것은 위험

트러블을 미연에 방지하려면 · 67
모처럼 산 선물을 분실하지 않으려면 / 신용 카드는 많이 가지고 다니지 말 것 / 항상 주변 상황을 파악하지 않으면 위험 / 길에서 배포하는 물건은 받지 말 것 / "자기만큼은 괜찮다"는 사고는 금물 / 무허가 환전상은 이용하지 말 것 / 무거운 짐을 들고 오래 걸으면 병이 난다!?

현지의 법을 따르라 · 72
아무리 혼잡해도 다른 사람 몸에 닿지 않도록 할 것 / 에스컬레이터의 한가운데 서서는 안 된다 / "smoke free"는 흡연실이 아니다 / 해외는 "보행자 우선"이 아니다 / 공공 장소에서 떠드는 것을 삼가라 / 현지의 서머 타임에 유념할 것 / 빈손으로 슈퍼마켓에 가지 말라 / 공중 전화에는 많은 돈을 주입하지 말라 / 여성은 승려에게 지나치게 가까이 접근하지 말라

3장 대중 교통 수단을 이용할 때 이런 행동은 금물

택시를 잡을 때 주의할 점 · 81
자국 언어에 능통한 운전사를 조심하라 / 정해진 승강장에서 타도록 하라 / 팁은 내리기 전에 주지 말 것

버스 승차 시 주의할 점 · 83
버스가 왔을 때 가만히 서 있으면 안 된다 / 뒷좌석에는 앉지 말라 / 함부로 도중 하차 하지 말라 / 버스의 차량 번호를 기억해 둘 것 / 차내의 음주·흡연은 절대로 삼갈 것 / 세면 도구는 차 안에 가지고 들어가라

렌터카를 이용할 때는 이런 점에 주의 · 87
자동 속도 지정 시스템이 장착된 차가 편리 / 새 차를 고르는 것은 금물 / 중근동 지역에서는 렌터카의 운전을 삼가라

교통 법규, 국내와는 이 점이 다르다 · 89
음주자를 태우는 것 자체만으로도 위법 / 히치하이크는 영화 속에서나 / 국내 이상으로 매너 준수에 신경 쓸 것 / 이탈리아에서는 신호를 지키지 말라!? / 프랑스의 교통 예절은 최악

사고가 났을 때는 이렇게 대처하라 · 93
추돌 사고가 났어도 문을 열지 말라 / 추돌 사고가 났어도 언쟁하지 말라 / 교통 위반으로 붙들렸다면 그 자리에서는 고분고분히 / 사고에 말려들었더라도 절대 사과하지 말 것

트러블을 모면하려면 · 96
차 안의 귀중품은 밖에서 보이지 않도록 / 야간 드라이브는 절대 피할 것 / 변화한 도심에는 차를 가지고 들어가지 말라 / 보험 적용이 안 되는 도로가 있다 / 휴일 운전은 교통 체증을 각오하라

# 4장 식사를 할 때 이런 행동은 금물

레스토랑에서 이런 행동은 부끄러운 매너 · 103
자리가 비어 있어도 맘대로 앉는 것은 금물 / 신사의 올바른 착석 방법 / 화장을 고치는 것은 세면실에서 / 뷔페에서 먹다 남기는 것은 금물 / 고급 레스토랑에는 어린아이와 동행하지 말라 / 복장은 상식적인 범위 내에서 / 단식이 있는 나라에서는 "라마단"에 주의할 것

주문할 때는 이 점에 주의 · 108
"Take out"은 통하지 않는다 / 추가 주문은 처음에 주문했던 웨이터에게 할 것 / 휴양지의 "버섯"에는 주의를 / 국내서 하던 방식대로 주문하면 후회하게 된다 / 한국 음식 전문점이더라도 팁 주는 것을 잊지 말 것

망신당하지 않고 식사를 하기 위해서는 · 111
중화 요리를 먹을 때도 소리를 내는 것은 금물 / 포크의 등에 밥을 얹는 것은 금물 / 수프뿐 아니라 음식을 먹을 때는 소리를 내지 말라 / 남의 접시에 있는 음식을 먹지 말 것 / 테이블 위에 놓인 조미료를 이용할 때는 / 주변 사람의 페이스에 맞추어 먹도록 하라 / 냅킨 사용 시 무심코 범하기 쉬운 추태 / 식사 도중 담배를 피우는 것은 금물

술을 제대로 즐기려면 · 116
흥청망청 취하는 것은 매너 위반 / 건배할 때 잔은 부딪치지 말 것 / 여성이 술을 따라서는 안 된다 / 여성 혼자서 술집에 가는 것은 금물

식사 시의 트러블을 방지하려면 · 119
포장마차 요리를 먹을 때는 충분히 생각할 것 / 과일을 통째로 먹는 것은 위험 / 샐러드나 아이스크림은 먹지 말 것

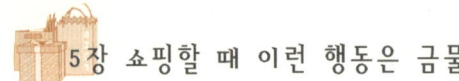

5장 쇼핑할 때 이런 행동은 금물

점원의 기분을 거스르지 않으려면 · 123
계산대 옆 점원에게 말을 거는 것은 금물 / 여러 명의 점원에게 말을 걸지 말 것 / 가벼운 복장으로 브랜드 상품을 사러 가지 말 것 / 다른 매장의 쇼핑백을 가지고 들어가는 것은 에티켓 위반 / 상품을 만지지 말라 / 점원의 태도가 건방져도 참을 것

현명하게 쇼핑하려면 · 128
가격을 귀로만 확인해서는 안 된다 / 납득이 갈 때까지 가격 교섭을 하라 / 현금으로 지불할 때는 정가대로 사지 말라 / "cheap"을 발설하는 것은 절대 금물 / 값을 깎고 나서 사지 않는 것은 실례 / 싼 물건 하나를 사는데도 값을 깎는 것은 실례 / 싸게 사고 싶다면 이런 가게는 피하라 / 친구와 동행했을 때는 지불도 같이하라 / 숫자 정도는 말할 수 있도록 외워 둘 것 / 공항 면세점만 이용하지 말라

돈을 지불할 때는 이런 점에 주의 · 135
잔돈의 계산 착오가 의외로 많다 / 카드에는 잊지 말고 사인해 둘 것 / 가격표보다 비싸게 청구되는 경우가 있다 / 상품은 지불한 다음 받아들 것

마음에 드는 물건을 손에 넣으려면 · 138
마음에 드는 물건은 그 자리에서 사라 / 인기 상품은 문 열기 전부터 기다리는 것이 기본 / 쇼핑이 목적이라면 시기를 생각할 것 / 음악 팬이라면 의외로 싸고 진귀한 물건을 놓치지 말라 / 갖고 싶지도 않은 물건을 구입하지 말 것 / 국내 사이즈와 다르므로 반드시 입어 볼 것

나중에 있을 수 있는 트러블을 방지하려면 · 143
사인은 금액을 확실하게 확인하고 나서 / 정정 전표의 사인을 그대로 두는 것은 위험 / 매장을 나올 때까지 영수증은 버리지 말 것 / 영수증은 지불이 끝날 때까지 버리지 말 것 / 계산은 점원에게만 맡기지 말 것 / 구입한 것은 현지에서 한 번쯤 포장을 푸는 것이 기본 / 가짜 브랜드는 사지 말 것 / 위법적인 물건은 절대로 구입하지 말라 / 미술품을 함부로 가지고 돌아가지 말라

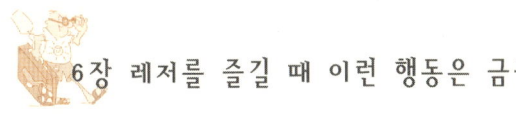
6장 레저를 즐길 때 이런 행동은 금물

물놀이 시의 안전 대책 · 151
해양 구조원의 지시에 따를 것 / 아무 대책 없이 피부를 태우는 것은 위험 / 말을 걸며 접근하는 해변의 젊은이는 조심할 것 / 해변에서 술을 마시는 것은 금물 / 어린아이로부터 절대로 눈을 떼지 말라 / 본 적이 없는 생물은 만지지 말 것

산, 강, 들놀이를 할 때 주의할 점 · 155
더운 여름이라도 산에 갈 때 스웨터는 필수품 / 꽃을 꺾거나 함부로 버리는 행위는 엄금 / 야생 동물을 함부로 만지지 말 것 / 풀숲에서 캠프를 하는 것은 위험 / 해외에서 등산을 할 때는 정상을 노리지 말라 / 무단으로 물고기를 잡는 것은 금물 / 열대 지방의 모기는 치명적인 질병의 근원 / 그 지역 거주민과 똑같이 강에 들어가는 것은 위험

고상한 장소에 나갈 때 주의할 점 · 161
오페라를 보러 갈 때의 복장 / 해외 오페라를 고르는 법 / 플래시를 터뜨려 그림을 촬영하지 말 것 / 애 봐 주는 사람에게 아이를 맡길 때 주의할 점 / 교회는 관광 시설이 아니다 / 이슬람 사원에 함부로 들어가는 것은 금물

유원지에 갈 때 주의할 점 · 165
전신 피부 미용실에 갈 때는 예약을 한 후에 / 카지노에 가벼운 차림으로 가는 것은 금물 / 스트립 쇼의 스트립 걸을 만지면 위험 / 축구를 관전할 때는 이런 점에 주의

사진을 찍을 때 주의할 점 · 168
함께 사진을 찍고 싶다고 부탁하려면 / 해외에서는 초상권을 의식할 것 / 여성은 남성에게 부탁하지 않는 것이 무난 / 촬영 금지 장소에서는 카메라를 보이지도 말 것

# 7장 대화를 할 때 이런 행동은 금물

해외에서 이런 행동은 절대 금물 · 175
나이를 묻는 것은 실례 / 결혼했는지 묻는 것은 실례 / 종교를 묻는 것은 실례 / 사례의 의미로 "아이 엠 소리"는 금물

상대방과 능숙하게 대화하려면 · 178
상대방에게서 눈길을 돌리는 것은 불성실 / 영어를 할 줄 아는 "척" 하는 것은 삼가라 / 길을 잃었을 때는 이렇게 물어라 / 인사를 하지 않는 것은 매너 위반

이런 행동은 요주의 · 181
입에 손을 대고 웃는 것은 실례 / 까닭없는 웃음은 불쾌할 따름 / 남자끼리 악수할 때는 힘차게 / 키스에 놀라지 말 것 / 왼손을 사용할 때는 요주의

국내의 상식은 통하지 않는다 · 185
손수건은 선물하는 것이 아니다!? / 방문한 집의 문을 함부로 여는 것은 매너 위반 / 서양의 상식, "도어 홀드"란 / 여성은 남성에게 먼저 양보하지 말라

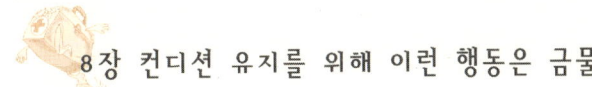
8장 컨디션 유지를 위해 이런 행동은 금물

출발 전에 주의할 점 · 191
출발 전에 과로하는 것은 절대 금물 / 건강한 사람도 충분한 건강 대책을 / 지병이 있는 사람은 반드시 의사와 상담한 후에 / 평소에는 복용하지 않더라도 영양제는 가지고 갈 것 / 새 구두를 신고 여행을 떠나는 것은 금물 / 콘택트 렌즈를 착용하는 사람도 안경은 가지고 가야

피서 대책 · 196
열사병은 모자만으로 막을 수 없다 / 뙤약볕을 우습게 보았다가는 혼이 날 수도 / 피서 대책만으로는 불충분

여행에 지치지 않으려면 · 199
현지에 도착해서 낮잠을 자는 것은 금물 / 여행 중의 수면 부족은 위험 / 투어 일정에 얽매이지 말 것

먹거리 · 마실거리, 이 점에 주의 · 202
현지의 식사를 억지로 계속하지 말 것 / 서양에 가서 고기만 먹으면 안 된다 / 목이 말라도 물을 벌컥벌컥 마시는 것은 금물 / 배에 승선하기 전에 식사는 어떻게 해야 할까?

병에 걸렸다, 자 어떻게 하지 · 205
갑작스런 복통, 자가 진단은 위험 / 급작스런 병으로 병원에 갔다면 과장하여 표현하라 / 입원 · 수술이 필요한 경우에는

현지에서 강구할 수 있는 예방책 · 208
건조한 방에서 자는 것은 금물 / 이국 땅을 맨발로 걷지 말라 / 고산병을 예방하려면 / 현지의 화장품은 함부로 바르지 않는 것이 무난

9장 공항이나 기내에서 이런 행동은 금물

탑승과 출국 시에 주의할 점 · 215
희망하는 좌석에 앉고 싶다면 / 아동 전용 여권을 만들어라

짐을 맡길 때 주의할 점 · 217
수하물 보관증은 절대로 잃어버리지 말 것 / 위탁 수하물에 카메라 종류는 넣지 말 것 / 해외에 나가 사용하지 않게 되는 짐은 어떻게 해야 하나

기내에서 쾌적하게 보내려면 · 219
기내 서비스를 적절히 이용할 것 / 기내식은 무리하여 먹지 말 것 / 기내에서는 취하여 기분이 언짢아지기 쉬우므로 요주의 / 심하게 취하면 이렇게 된다 / 기내의 세면실, 이 시간대는 피하라 / 이륙 시의 화장실은 실로 위험 / 어린아이를 위한 기내 서비스를 확인할 것 / 어린아이를 홀로 두지 말 것 / 기내의 좌석에서 기저귀를 가는 것은 금물

가방, 여기에 주의 · 227
가방을 그저 열쇠로 잠그기만 해서는 위험 / 가방에 화려한 스티커는 붙이지 말라 / "자기 가방만큼은 안심"이라는 사고는 금물 / 짐이 파손됐다면 공항을 나오지 말 것

세관 · 입국 심사 시에 주의할 점 · 231
짐이 나오기도 전에 세관을 나와서는 안 된다 / 세관에서 악질 검사관을 만났을 때는 이렇게 대처하자 / X-ray 검색 · 금속탐지기를 통과할 때는 소지품에서 눈을 떼지 말라 / 필름을 X-ray에 통과시켜서는 안 된다 / 입국 심사 시에는 떨지 말 것 / 입국 스탬프를 생략하면 큰일

비행기 환승 시에 주의할 점 · 236
환승할 비행기가 별도의 항공사여서는 곤란 / 환승 시간에는 여유를 둘 것 / 파업에 따른 결항이라 해도 항공사를 원망하지 말라

10장 여행 준비를 할 때 이런 행동은 금물

멋진 투어에 참가하려면 · 241
"아침 식사 · 마중 없음"의 투어는 피하라 / 팸플릿만 보고 투어를 선택하지 말라 / "여행 조건"을 읽지 않고 신청하는 것은 위험 / 어린아이를 데리고 도착 후 곧바로 관광에 나서는 것은 금물 / 어린아이를 데리고 열대 지방을 여행하는 것은 금물 / 스케줄을 제대로 짜려면

스케줄을 제대로 세운다 · 246
국내 정보만으로 일정을 정해서는 곤란 / 기념품을 사는 시간은 적당히 / 지나친 욕심은 금물 / 귀국 다음날로 예정을 잡는 것은 삼가라 / "선물은 귀국하는 날에"라는 생각은 금물

호텔을 예약할 때는 · 250
투어의 호텔, 안이하게 정하지 말라 / 인터넷으로 호텔을 예약할 때는 이 점에 주의 / "신청"만으로 예약이 끝났다고 생각하면 큰일

항공사를 잘 고르려면 · 252
싸다는 이유만으로 항공권을 선택하지 말라 / 항공사라고 해서 어디나 다 같은 것은 아니다 / 심야에 도착하는 편은 피하라 / 새벽에 도착하는 편도 피하라

보험은 이렇게 하라 · 256
상해 보험을 세트로 드는 것은 돈 낭비 / 출발 직전에 가입하지 말 것

짐을 꾸릴 때 주의할 점 · 258
떠날 때부터 가방이 불룩해서는 곤란 / 이동이 많은 여행에 트렁크는 걸맞지 않다 / 여행 용품은 빌려도 좋다 / 반입 금지 물품은 절대로 넣지 말 것 / 담배를 많이 사 가는 것은 오히려 손해 / 오래 된 안내 책자는 도움이 되지 않는다 / 방문하는 나라만큼의 지갑을 준비하라

잊은 물건이 없는지 다시금 체크할 것 · 264
더운 지역이라도 반소매만으로 가는 것은 삼가라 / 다소 짐이 되더라도 슬리퍼는 필수품 / 수영하지 않더라도 수영복 한 벌쯤은 준비할 것 / 작은 메모장은 여러모로 편리 / 선진국에서도 현금은 필요 / 장기 여행을 떠날 때는, 집을 맡기는 일도 고려할 것 / 대사관의 연락처는 반드시 알아 둘 것 / 여권과 똑같은 사진을 가지고 있는가

1 장
호텔에서 이런 행동은 금물

프런트는 "프런트"가 아니다!? / 룸 키를 받아들 때 자주 범하는 실례 / 로비에서 구두를 벗으면 위험하다 / 엘리베이터의 "닫힘" 버튼은 누르지 말 것 / 트렁크를 자신이 드는 것은 촌스럽다 / 콘셰르제를 적절히 이용할 것 / "소형 화장실"에서 일을 보지 말 것 / 수도꼭지의 "C"는 찬물이 아닐 수도 / 느닷없이 누군가가 들어왔을 때는 즉시 도움을 요청할 것 / 룸에서 국제 전화를 쓰지 말 것 / 세탁물을 베란다에 말리는 것은 금물 / 전화는 도청될 소지가 있다 / 노크 소리에 끝바로 문을 여는 것은 위험 / "이 물을 마실 수 있느냐"고 묻지 말라 / 팁을 아무 말 없이 건네는 것은 금물 / 이런 팁은 상대방을 기분 상하게 한다 / 단체 여행을 할 때도 팁은 필요 / 카드로 지불할 때, 팁은 어떻게? / 실내를 어질러 놓고 외출하는 것은 위험 / 귀중품은 방에 두지 말 것 / 베개 밑에 귀중품을 두는 것은 금물 / 청소는 룸 메이드가 알아서 하는 것이니, 나는 상관없다!? / 카드식 키는 다른 카드와 함께 취급하지 말 것 / 비품을 가져가는 것은 범죄 / 키를 가지고 다닐 때는 이 점에 주의하라 / 룸에 들어가기 전에는 주위를 살필 것 / 엘리베이터에 혼자서 타는 것은 금물 / 기숙사를 이용할 때도 방심은 "적" / 오버 부킹(초과 예약)에 대해서는 이렇게 대처하라 / 현지의 불만은 현지에서 풀 것 / 유스 호스텔에 묵으려면 / 호객 행위를 일삼는 호텔에 드는 것은 금물 / 체크인 시간에 주의할 것

호텔에서 망신을 사지 않으려면

📖 프런트는 "프런트"가 아니다!?

국내에 외래어로 정착돼 사용되고 있는 말들 중에는, 그 뜻 그대로 영어권에서 통하는 단어도 있으나 그렇지 않은 경우도 많다.

여행에 관한 것으로는, 말하자면 호텔의 프런트라는 표현이 바로 그 것. 이것도 어느 정도는 우리 말로 굳어진 영어라 할 수 있을 텐데, 정확하게 말하자면 "프런트 데스크"라고 해야 한다.

호텔의 프런트 데스크에서 만나자는 약속을 "at the front of the hotel"이라고 말한다면, 상대방을 호텔의 정면 현관에서 언제까지고 홀로 기다리게 하는 결과를 낳을 수 있다.

"호텔 프런트에 가서 물어보자", "프런트에 맡기자"와 같이 국내에서 늘 표현하던 대로 프런트를 연발해서는 안 된다.

📖 룸 키를 받아들 때 자주 범하는 실례

외출할 때 프런트 데스크에 맡겨 둔 룸 키를 돌려받을 때, 자칫 틀린 번호를 대게 될까 우려하는 마음에 숫자만을 꿰어 말하는 사람이 많다. 예를 들면 645호실일 경우, "식스 포 파이브"만을 대는 것이다.

이럴 경우, 어지간해서야 상대방인 프런트 담당 직원도 틀린 번호의 키를 내줄 리는 없을 것이다.

　그러나 이것은 너무 정나미 없이 딱딱하다. 그저 뜻만 제대로 통하면 그만이라는 생각도 아닐 테고, 작다고는 하나 모처럼의 국제 교류인 것이다. "저 나라 사람들은 정말이지 왜 저렇게 퉁명스러워", 혹은 "명령조로 말하기 좋아하는 사람들이로군" 하는 오해를 살 수도 있다.

　자국 민족에 대한 인상을 좋게 하기 위해서라도 호실 번호만 말하고 입을 다물어 버리는 행동은 삼가도록 하자. 뭐 특별히 어려울 것은 없다. 마지막에 "플리즈"만 붙이더라도 인상은 한결 변할 테니까 말이다. 그리고 살짝 미소 지어 보인다면 훨씬 더 좋지 않을까.

　웬만큼 친숙해졌거나 얼굴을 익힌 상대방이라면 "헬로"를 머리 속에 새겨 보자.

📖 로비에서 구두를 벗으면 위험하다

　우리 나라 사람들은 지치면 신발을 벗는 습관을 가지고 있는지 해외에서도 툭하면 신발을 벗는 광경을 자주 목격하게 된다. 그리고 호텔의 로비에서도 아무렇지 않게 신발을 벗은 채 쉬곤 한다.

그러나 외국인들은 남 앞에서 신발을 벗는 일이 거의 없기 때문에, 이런 행동은 외국인에게 있어 불쾌할 것이 뻔하다.

호텔 로비에서는 신발을 벗어서는 안 된다는 것을 명심해 두자.

특히 여성이 남성 앞에서 신발을 벗는 것은 금물이다. 나라에 따라서는 남성 앞에서 여성이 신발을 벗으면, "당신에게 몸을 맡기겠어요"하는 뜻으로 오해를 살 수도 있다. 그러니 신발을 벗고 싶더라도 방에 들어갈 때까지는 참도록 하자.

비단 이것은 호텔의 로비에서만 지켜지면 되는 예의가 아니다. 공공 장소라면 어디든 마찬가지라고 할 수 있다.

📖 엘리베이터의 "닫힘" 버튼은 누르지 말 것

우리 나라 사람들은 자칫 성급하다는 인상을 주기 쉽다. 서두르지 않고 시간을 유유자적하게 즐기는 유럽 사람들에게 있어 우리 나라 사람들의 행동은 분명 조급한 것일 수도 있다.

그런 우리 나라 사람들에게서 많이 볼 수 있는 것이 엘리베이터에서 "닫힘" 버튼을 누르는 일. 국내에서는 하등 이상할 것이 없는 행동일지 몰라도, 외국인에게는 좀처럼 찾아보기 힘든 행동이다. 엘리베이터의 문은 저절로 닫히게 마련. 참을성 없이 "닫힘" 버튼을 눌러 "성급한 사람"이라는 빈축을 사지 말고, 해외에 나갔을 때만큼이라도 느긋하게 문이 닫히기를 기다려 보면 어떨까.

📖 트렁크를 자신이 드는 것은 촌스럽다

우리 나라 사람들은 자기 짐은 자기가 드는 것이 마땅하다고 생각하기 때문인지 해외 여행지의 호텔에서도 트렁크를 덜덜 끌면서 걷는 사람이 드물지 않다. 그러나 이런 행동은 고급 호텔에서는 보기에 좋지 않다. 체크인은 물론이거니와 체크아웃을 할 때도 트렁크는 자기가 직접 들지 말고 벨 보이를 불러 부탁하자.

체크아웃을 할 때는 방에 비치된 전화를 이용하여 "BELL"이라고 쓰여진 번호, 혹은 프런트에 전화를 하여 "체크아웃. 배기지 다운 플리즈"라고 말하면 된다. 몇 분 안에 벨 보이가 방에 도착하면 벨 보이에게 짐을 내주고, 자신은 그 다음에 나가도록 하자.

콘셰르제를 적절히 이용할 것

대부분의 우리 나라 사람들한테 호텔은 단순한 "숙소"일는지 모르지만, 해외(특히 유럽)의 일류 호텔에 관한 한 그런 식으로 생각하고 있다면 큰 손실이다. 모처럼 비싼 요금을 치렀는데, 이용할 수 있는 것은 모두 이용하는 것이 좋지 않겠는가. 그래야 또한 여행의 재미도 훨씬 커질 것이다.

유럽의 일류 호텔에는 "콘셰르제"라는 관리인이 있다. 대개는 콘셰르제 카운터에 대기하고 있다가 시내의 관광 명소에 가는 길 안내, 가볼 만한 레스토랑이나 콘서트의 소개 및 예약, 혹은 교통편을 알아봐 주는 일 등 손님의 모든 부탁에 부응하는 것이 이들의 주임무이다.

콘셰르제에 대해 잘 모르기 때문인지 우리 나라 사람들이 이들에게 조언을 구하는 일은 거의 없는데, 이들을 제대로 이용하면 호텔의 이용 가치가 한층 높아진다. 이들은 어떠한 부탁이라도 들어주는 것을 자랑으로 삼고 있기 때문에, 상당히 무리일 수 있는 주문도 웬만하면 들어준다.

룸에 들어가서도 방심하지 말 것

📖 "소형 화장실"에서 일을 보지 말 것

한때 물이 내뿜어지면서 엉덩이를 세정해 주는 비데라는 장치가 항간의 화제가 된 적이 있으나, 최근에는 제법 널리 보급돼 그다지 진귀한 물건도 아니게 됐다. 여성 전용 세정 장치로써 이것이 보통 변기와는 별도로 확실하게 구분 설치되어 있는 호텔도 많다. 개중에는 전용 비누나 타월을 비치한 곳도 있다.

잘 보면 앉는 방향이라든가, 별로 본 적이 없는 파이프가 튀어나와 있다든가, 사용 후 물 내리는 구멍이 작다든가 하는 차이가 있다. 그러므로 전통 변기 중에도 대변용과 남성 전용 소변기가 있으니까 "설마 남성용이겠지?" 하고 무심코 그쪽에서 일을 보았다가는 망신을 사기에 딱 좋다.

소변이라면 별 문제 없이 물을 내릴 수 있겠지만, 잘못하여 대변이라도 보게 되면 아마도 호텔 내에 두고두고 이야깃거리가 될 것이다.

📖 수도꼭지의 "C"는 찬물이 아닐 수도

국내 호텔의 경우, 욕실의 수돗물은 서머스탯이라는 자동 온도 조절 시스템을 이용하여 조절한다. 수도꼭지가 2개 있는 경우에는 "C"가 COLD로써 차가운 물, "H"는 HOT로써 뜨거운 물로 정해져 있다. 그리고 대개는 찬물을 파란 색, 뜨거운 물은 붉은 색으로 표시하고 있다.

　이는 해외에서도 거의 마찬가지로, 자동이 아닌 경우 뜨거운 물과 찬물을 적당한 온도로 조절하여 샤워를 하게 된다.

　그러나 여기서 주의하지 않으면 안 될 것이 있다. "C"가 반드시 찬물을 가리키는 것만은 아니라는 사실이다. 이 표기는 영어권에서는 통용된다. 하지만 라틴어권 나라에서는 "C"가 뜨거운 물을 의미하고, 찬물은 "F"로 표시되고 있다. 자국 호텔에 익숙한 탓에 무심코 잊어버릴 수 있으므로 틀리지 않도록 주의해야 한다.

　"C"라는 표기를 무조건 찬물로 못박아 버린 채 서슴없이 트는 일이 없도록 반드시 확인하는 습관을 갖자.

느닷없이 누군가가 들어왔을 때는 즉시 도움을 요청할 것

　앞에서도 말했듯이, 해외에서는 호텔 내부라 해도 방심은 금물이다. 주문도 하지 않은 서비스라면서 이상한 사람이 찾아오거나 했을 때는 절대로 문을 열어 주지 말아야 한다.

　그래도 어떠한 계제에 위험하다고 생각되는 인물이 방에 들어왔다면 무엇보다 서둘러 프런트에 전화를 걸도록 하자. 아무리 무섭더라도 그저 떨기만 해서는 안 된다. 안전 대책이 확실한 호텔이라면 전화로 "헬프 미" 하는 한마디에, 다부진 체구의 경호원이 놀라울 정도로 신속하게 뛰어와 줄 것이다.

룸에서 국제 전화를 쓰지 말 것

　무사히 호텔에 도착했음을 알린다든지, 여행지에서 생긴 일을 이야기하고 싶어 국내에 국제 전화를 거는 일도 있을 것이다. 그러나 이때

호텔의 자신이 묵는 룸에서 국제 전화를 걸어서는 안 된다.

왜냐하면 호텔에 따라서는 룸에서 건 국제 전화에 대해 규정 요금의 몇 배나 되는 요금을 청구하는 일도 있기 때문이다. 불과 몇 분 안 되는 통화에 터무니없는 요금을 청구당하는 경우도 있다. 나중에 불만을 터뜨려 봤자 부질없는 일이므로, 귀찮더라도 룸에서 나와 로비의 공중 전화 등을 이용하도록 하자.

큰 우체국이나 전화국에 가면 간단히 국제 전화를 걸 수 있을 뿐만 아니라 요금도 확실하게 계산되기 때문에 가장 안심하고 걸 수 있다. 컬렉트콜을 이용하는 것도 한 방법이다.

📕 **세탁물을 베란다에 말리는 것은 금물**

호텔이나 별장 등 며칠 간 묵게 되는 여행일 경우, 대개 스쿠버나 서핑, 승마, 골프 등 레저 스포츠가 따르게 마련이다. 그리고 그렇게 긴 일정은 아니더라도 타월이나 옷 등 매일 매일 세탁을 해야만 하는 것들도 있다.

이럴 때 세탁 서비스를 이용하지 않고 스스로 빤 세탁물을 말리려면 보통 여행할 때와 마찬가지로 밤에 욕실에 널어 말리는 것이 기본이다. 만일 낮에도 널어 놓고 외출하고 싶다면 룸 메이드의 양해를 구한 뒤 실내에서 말려도 괜찮다.

그러나 아무리 테라스나 베란다가 달린 개방적인 방이라 하더라도 마치 자기 집인 양 끈을 매달아 놓고 말리는 것은 꼴불견이므로 삼가도록 하자.

전화는 도청될 소지가 있다

최근 매스컴에서 도청의 위험성에 대해 자주 듣게 되는데, 평범한 사람들한테는 여전히 낯선 나라 이야기처럼 들릴지도 모른다. 그래서인지 여행지에서도 국내에서 하던 방식대로 아무런 의심 없이 전화를 하게 된다.

그러나 국제 전화를 할 때는 아무도 듣고 있지 않을 것이라고 안심해서는 안 된다. 중동 지역의 나라에서는 전화가 도청되는 일이 적지 않기 때문이다.

그러므로 이야기의 내용에 철저히 주의해야 한다. 전쟁이나 쿠데타 등이 빈번히 일어나는 나라나 지역에서는, 제딴은 하잘것없는 이야기일지라도 그들에게 잘못 이해되면 어떤 일이 일어날지 알 수 없는 노릇이다. 까딱 잘못하면 국가의 기밀을 파내려는 스파이로 간주될 수도 있다. 언어가 틀리니까 하고 안심했다가는 큰코다친다. 통역을 붙여서까지 도청되는 경우도 있기 때문이다.

📔 노크 소리에 곧바로 문을 여는 것은 위험

호텔의 룸에 있을 때 노크 소리가 들려도 곧바로 문을 열어서는 안 된다. 호텔에는 누구라도 자유롭게 드나들 수가 있기 때문에, 실내로 침입해 들어온 강도가 출현할 수도 있기 때문이다. 비록 보이라고 자기 신분을 밝혔어도 상대방이 정말로 보이인지 아닌지 알 수 없으므로, 문을 열기 전에 문에 난 작은 구멍을 통해 관찰하고, 도어 체인을 건 상태에서 상대방을 다시 한 번 확인한다.

또한 손님이 룸에 들어가는 순간을 노렸다가 강도가 침입해 들어오는 경우도 있으므로, 룸 키를 따기 전에 뒤따라오는 사람이 없는지 확인하는 정도의 조심성도 필요하다.

📔 "이 물을 마실 수 있느냐"고 묻지 말라

개발 도상국에 갔을 때는 절대로 수돗물을 마셔서는 안 된다. 비록 맥주나 주스, 미네랄워터라 하더라도 컵에 따라 마시는 것은 삼가는 것이 좋다. 제대로 된 호텔이나 레스토랑이 아닌 한, 방심은 절대 금물이다.

호텔의 룸에 비치되어 있는 포트 속의 물도 안심하고 마실 수 없다. 보이에게 "이 물은 마실 수 있는 것이냐"고 확인하면 되겠지 하고 간단하게 생각할 수도 있겠지만, 이것도 틀린 생각이다. 보이는 그 나라 사람이기 때문에 설령 수돗물일지라도 그들로서는 "마실 수 있는" 물인 것이다. 이럴 때는 "끓인 물"이냐고 묻는 것이 좋다.

팁을 근사하게 주는 법

📖 **팁을 아무 말 없이 건네는 것은 금물**

팁을 줄 때 팁 문화에 익숙지 않은 우리 나라 사람들은, 어딘지 모르게 거만해지거나 묘하게 사무적인 태도를 취하곤 한다. 그런 식으로 팁을 주는 것은, 설령 금액적으로는 만족스런 것이라 하더라도 진심 어린 서비스를 기대할 수 없을 뿐더러 서로가 기분도 유쾌하지 못할 것이다.

로마에 가면 로마법을 따르라. 팁 주는 것 하나까지 멋지게 할 줄 알아야 국제인인 것이다.

거의 시스템화되어 있다고는 해도 팁은 어디까지나 서비스해 주는 사람에 대한 감사의 표시이므로, 아무 말 없이 묵묵히 건네는 행동은 삼가도록 하자.

자신의 만족감을 표시하는 뜻에서라도 웃는 얼굴로 상대방의 얼굴을 분명히 보면서 "생큐"라는 말과 함께 주는 것이 제대로 된 팁이라고 할 수 있을 것이다.

📖 **이런 팁은 상대방을 기분 상하게 한다**

해외 여행에 관행처럼 따라붙는 팁에 관한 실수담은 여러 형태로 소개되고 있다. 그런 실수의 대부분은 팁의 기본 이념을 잊고 있는 데서

비롯되고 있는지도 모른다.

"촌지"라는 말이 존재하기 때문인지 몰라도 "팁" 하면 왠지 특별한 서비스의 제공을 기대하거나, 특히 고마웠을 때의 사례라는 의미로 받아들이는 경향이 있다.

그러나 팁이란 분명히 사례임에는 틀림없지만, 제공된 서비스에 대한 정당한 평가라는 인식이 더 타당하다. 따라서 그저 많아야만 좋은 것이 아니고, 물론 적어서도 안 된다.

하물며 "아, 마침 잘 됐군. 어느 새 잔돈이 이렇게 많이 모였네" 하는 식으로 동전을 짤랑거리며 준다면 제공해 준 서비스를 몹시 폄하하는 것으로 받아들여, 상대방의 프라이드에 상처를 입히게 된다. 만약 호텔에서 이런 식으로 팁을 주게 된다면 묵는 동안 내내 불쾌한 경험을 하게 될지도 모른다. 행여라도 잔돈을 처리하기 위해 팁으로 이용하는 듯한 인상을 풍겨서는 안 된다.

📖 단체 여행을 할 때도 팁은 필요

해외 패키지 투어의 좋은 점은, 혼자서 여행할 때처럼 "어떻게 하면 좋지?" 하는 고민이 없어도 된다는 점이다.

같이 가는 여행 안내원, 혹은 현지 가이드에게 일임한 채 따라가기만 하면 교통편이나 식사를 할 식당까지 확실하게 다 알아서 챙겨 주기 때문에 편하다면 편하다. 그리고 그 최대의 장점은 팁 계산이라 해야 할 것이다.

"짐을 들어 준 포터한테는 어느 정도를 줘야 하나?", "레스토랑에 지불할 때는?" 등등, 그때마다 골머리를 앓으면서 몸에 배지 않은 습관으로 인해 갈팡질팡하게 마련인데, 단체 여행의 경우에는 그 골치

아픈 문제도 여행 안내원의 일 중 하나이기 때문에 안심해도 된다.

그렇지만 호텔에서 개인적으로 룸 서비스를 주문하거나 할 때의 팁 계산은 여행 안내원의 일의 범주가 아니므로, 스스로 지불해야 함을 잊어서는 안 된다(보통 요금의 15% 정도).

또 단 하룻밤만 묵는 것이라면 호텔의 룸 메이드에 대한 팁은 필요치 않으므로 걱정하지 않아도 좋으나, 연일 묵게 될 때는 출발하는 당일 아침에 침대에 놓고 나와야 한다는 것을 잊지 말기 바란다.

카드로 지불할 때, 팁은 어떻게?

해외에 나갔을 때, 호텔 내에서 발생한 요금을 지불할 때는 카드를 이용하는 것이 편리하다. 그런데 카드로 지불할 때는 팁을 어떻게 해야 좋을까.

물론 팁만을 따로 현금으로 지불해도 상관없지만, 팁을 위해 일부러 잔돈을 준비하는 것도 그리 쉬운 일은 아니다. 그럴 때는 "Charge to the room"으로 하면 된다.

레스토랑, 바, 카페, 룸 서비스 등을 이용했을 때는 계산서에 호실 번호와 사인을 기입하면 체크아웃을 할 때 한꺼번에 지불할 수 있다.

이럴 경우, 계산서에 "Tip $5.50"이라든가 "Tip 15%"와 같은 식으로 쓰면 된다.

팁을 이중으로 지불하지 않도록

룸 서비스를 주문했을 경우, 식사를 가져온 보이에게 지불하는 팁은 레스토랑 웨이터의 경우와 마찬가지로 요금의 15~20%가 기본이다. 하우스키핑 등과는 다르기 때문에 보이도 그 정도의 금액을 기대하고 있다고 생각해도 좋을 것이다.

그러나 팁을 지불하게 됨으로써 이중 지불이 되는 경우가 있으므로 주의해야 한다. 그것은 다음과 같은 경우이다.

룸 서비스와 함께 가져오는 전표를 보면, 요금·TAXES의 하단에 "SERVICE CHARGE"라고 씌어진 칸이 있다. 여기에 서비스 요금이 기입되어 있는 경우에는 이미 팁이 계산에 포함되어 있는 것이다. 그럴 때는 사인한 전표를 보이에게 건네주기만 하면 된다.

아무것도 기재되어 있지 않은 경우에는 보이에게 직접 현금으로 팁을 주든지, 요금·TAXES의 하단에 직접 팁의 금액을 기입하여 TOTAL란에 합계 금액을 써넣도록 하라. 이것은 신용 카드로 팁을 지불할 때와 똑같다.

룸을 나올 때도 조심

📖 실내를 어질러 놓고 외출하는 것은 위험

호텔의 룸을 비워 놓고 나갈 때, 어질러 놓은 상태로 나가는 것은 좋지 않다. 외출 중에 룸 메이드가 들어왔을 때, 잔돈 같은 것이 침대 머리맡에 놓여 있으면 팁인 줄 알고 가져가 버릴 수도 있기 때문이다.

욕실에 액세서리 등을 놓아둔 채로 나가는 것도 위험하다. 룸 메이드는 호텔 관계자이지만 절대로 물건을 훔치지 않는다는 보장은 없다.

마구 어질러진 방이라면 어디에 무엇이 있었는지 설명하기가 힘들고, 도난을 당해도 불만을 호소하기 어렵다. 뿐만 아니라 도둑질하는 측에서도 깨끗하게 정돈돼 있는 방에서 물건을 훔쳐 달아나기가 더 어려울 것이다.

룸은 웬만큼 치워 놓고, 귀중품은 귀중품 보관 금고에 넣어 두도록 하자.

📖 귀중품은 방에 두지 말 것

여행을 갔을 때는 비록 일류 호텔이라 하더라도 방에 귀중품을 아무렇게나 두어서는 안 된다. 언제 어느 때 낯선 자가 침입해 들어올지 알 수 없는 상황이므로, 귀중품은 프런트의 귀중품 보관 금고에 반드시 넣어 두도록 하자.

유감스럽게도 종업원 또한 완전히 신뢰할 수 있는 것은 아니므로, 외출을 나갈 때는 문에 "don't disturb"라는 팻말을 걸어 두면 좋다.

이렇게 해 두면 방안에 사람이 있을 것이라는 느낌을 갖도록 할 수 있다.

베개 밑에 귀중품을 두는 것은 금물

상당수의 사람들이 여행지에서 밤에 휴식을 취하거나 할 때, 베개 밑에 귀중품을 넣어 두는 버릇이 있는 것 같다.

마치 스파이가 언제라도 타인의 습격에 대비할 수 있도록 권총을 품 안에 숨기고 있는 것과 같다. 만일 훔치려는 작자가 있더라도 머리를 건드리면 이상한 느낌에 잠에서 깨어나게 되고, 순간적으로 자기 손안에 물건을 움켜쥘 수 있을 것이라고 생각하는 모양이다.

그러나 스파이처럼 언제까지고 베개 밑에 넣어 둘 수는 없는 노릇. 아침이 되면 안도감과 동시에 그 곳에 귀중품을 숨겼다는 사실을 까맣게 잊는 사람이 있다.

그대로 외출이라도 하면 룸 메이드가 아무 생각 없이 시트를 둘둘 말아 세탁기에 내던질 수도 있고, 아니면 팁으로 여겨 가져 버리든지, 잠자코 주머니에 넣어 버리는 사태도 생각해 볼 수 있다.

특이하게 일상에서 일탈한 행동을 함으로써 기억을 못해 잃어버리고 만다면 애써 감춘 것이 무슨 소용이 있겠는가. 이러한 불운을 생각한다면 베개 밑에 귀중품을 숨기는 것은 별로 바람직하지 않다.

청소는 룸 메이드가 알아서 하는 것이니, 나는 상관없다!?

호텔의 방은 룸 메이드가 알아서 청소해 준다. 그렇다고 해서 아무렇게나 어질러 놓아도 되는 것은 아니다. 인간에게는 최소한의 매너라는 것이 있다. 아무리 청소는 룸 메이드가 하는 것이라고 해도, 방안은 너저분, 욕실에서는 물이 줄줄, 게다가 욕조에는 빠진 머리털과 때가 달라붙어 있는 난장판으로 해 둔다면 매너를 몰라도 너무 모르는 행동이 아닐까.

적어도 쓰레기는 쓰레기통에 버리고, 욕의나 타월 등은 한곳에 모아 놓고, 침대의 시트도 펴 놓는 정도의 정돈은 해 두어야 한다. 욕조의 물은 빼고, 달라붙어 있는 머리카락이나 때는 샤워기로 제거하도록 하자. 청소까지는 못하더라도 하다못해 꼴사납지 않을 만큼은 치워 두는 것이 기본이다.

📙 카드식 키는 다른 카드와 함께 취급하지 말 것

호텔의 룸 키는 바야흐로 카드식으로 스타일이 바뀌고 있다.

카드식이라면 외출할 때마다 일일이 프런트에 맡기고 받는 번거로움이 없다. 그리고 묵는 동안은 계속 소유해도 상관없고, 혹시 잃어버리거나 해도 다른 사람에게 악용될 염려가 없다는 이점이 있다.

그렇기는 해도 잃어버리게 되면 다시 만들어야 하는 번거로움이 있기 때문에, 성가신 것은 매한가지이다. 그러므로 당연히 책임감을 가지고 꼼꼼히 관리해야 한다.

그러면 어떻게 관리하는 것이 좋은가. 대개는 가지고 있는 다른 신용 카드와 함께 지갑에 끼워 두거나 지갑에 달린 카드 케이스에 보관하는 것이 보통인데, 이것은 혼란을 가져오는 원인이 되므로 피하는 것이 좋다.

카드의 홍수 시대라 할 수 있는 요즘, 누구나가 여러 종류의 카드를 가지고 다닌다. 호텔에 돌아가, "어라, 이건가? 저거였나?" 하고 카드를 이것저것 빼내 확인하는 동안에 어떠한 사고가 일어날지 알 수 없는 일이다.

현금 대신 갖고 다니는 카드와는 별도의 장소에, 분명히 구별하여 보관하는 것이 안전하다.

비품을 가져가는 것은 범죄

남의 것을 멋대로 가져가는 행위가 불법이라는 것은 어느 나라나 마찬가지이다.

룸에 비치되어 있는 메모장, 레터 세트, 그림 엽서나 반짇고리, 샴푸나 비누 등은 원칙적으로 가져가도 상관없다.

그러나 재떨이나 욕의, 슬리퍼 등을 가져가면 나중에 반환을 요구받거나 대금을 청구당하는 경우도 심심치 않게 있다.

해외 호텔에는 국내에서 볼 수 없는 세련된 물건이나 진귀한 것도 많기 때문에 무심코 갖고 싶어지겠지만, 아무리 맘에 들어도 함부로 가져가서는 안 된다.

이들 비품은 가게에서 파는 것도 많으므로, 제대로 요금을 지불한 뒤 구입할 것.

무서운 일을 당하지 않으려면

🔖 키를 가지고 다닐 때는 이 점에 주의하라

우리 나라 사람들은 요새처럼 만들어진 호텔을 자칫 안전 지대라고 착각하는 경향이 있다. 경호원도 있겠다, 비상벨이나 비상 전화도 있으니 무서울 것이 없을 수도 있다. 그러나 그것들이 하등의 도움이 되지 못할 수도 있다는 가능성을 잊고 있다.

호텔의 통로를 슬리퍼로 걷거나 파자마 차림으로 다녀서는 안 된다는 것은 알고 있어도, 그것이 통로가 공용 복도와 똑같이 취급되기 때문이라는 지식이 없다.

해외 여행을 할 때는 어떠한 상황이 벌어질지 모르므로 목숨을 지키고 도난에 주의하도록 늘 명심해야 하건만, 스스로 그 위험을 초래하는 행동을 하는 것이다.

즉 아침 식사를 하러 가면서 룸 키를 손에 아무렇게나 들고 덜렁거리며 흔들고 가는 사람을 볼 수 있는데, 키에 새겨진 호실 번호가 다른 사람 눈에 쉽게 띄기 때문에, "나는 여기에 묵고 있어요" 하는 것을 공공연하게 선전하고 다니는 것과 마찬가지이다.

룸 키가 막대형이라면 번호가 새겨진 부분을 손 안쪽으로 쥐고, 카드식이라면 가방에 조심스럽게 챙겨 넣어 덜렁덜렁 들고 걷는 일이 없도록 하자.

📖 룸에 들어가기 전에는 주위를 살필 것

호텔이라는 곳은 건물 내에 수많은 사람이 북적임에도 불구하고 아침 무렵 체크아웃 시간대에 일시적으로 시끌벅적할 뿐, 그 이외에는 묵는 층에서 엘리베이터를 타고 내려왔을 때 통로에는 아무도 없고 쥐 죽은 듯이 고요할 때가 많다.

물론 죽 늘어서 있는 방문들 저쪽에는 누가 있더라도 있겠지만, 소리가 새어 나오는 싸구려 숙소가 아닌 이상, 어떠한 낌새도 전해져 오지가 않는다. 물론 애초부터 그러한 구조로 지어지는 것이 호텔이지만 말이다.

그러한 의미에서, 저녁 무렵 비교적 사람들의 출입이 잦은 때가 아니면 밤길이나 다름없다고 생각하는 것이 좋을 것이다.

룸으로 되돌아갈 때는 누군가가 뒤를 따라오지 않는지, 통로에, 특히 자기 방 근처에 이유없이 서 있는 사람이 없는지를 확인하라. 문을 여는 것은 그 다음에 할 일이다.

📖 엘리베이터에 혼자서 타는 것은 금물

비록 고급 호텔일지라도 해외에서 엘리베이터에 혼자 타는 것은 너무나 위험하다. 호텔의 엘리베이터는 안전한 것처럼 느껴지지만, 엘리베이터에는 어떤 사람이든 들어올 수가 있다. 그리고 위험한 밀실이 되는 경우도 있으므로, 함께 타고 있는 인원이 적을 때는 그냥 보내는 것이 무난하다. 여성 혼자일 때는 물론이거니와 남성이라 해도 가급적이면 혼자서 타는 것은 피해야 한다.

타려고 한 엘리베이터에 외국인 여성이 혼자 타고 있는 경우에도 주의를 게을리 하지 말라. 해외에서는 여자라 할지라도 방심은 금물이

다. 만에 하나 칼이라도 들이대면 순순히 돈을 내주고 저항은 하지 말 것.

📕 기숙사를 이용할 때도 방심은 "적"

여행 중의 숙박 장소가 기숙사와 같은 시설일 경우, 모두 다 똑같이 여행을 좋아하는 동료라고 안심해서는 안 된다.

물론 모두 여행을 좋아하니 여행하는 나그네들끼리의 연대감도 싹 트겠지만, 유감스럽게도 손버릇이 안 좋은 사람이 있지 말라는 법은 어디에도 없다.

여권을 비롯, 귀중품은 몸에 늘 지니고 있어야 하며, 가방에는 항상 열쇠를 채워 두는 정도의 조심성이 필요하다.

아무리 몸에 지닌다 하더라도 알몸으로 샤워를 할 때는 어떻게 하느냐고 묻고 싶겠지만, 공동 욕실에 갈 때조차도 지니고 가도록 하라. 조심해서 나쁠 것은 없는 법이다.

호텔에 대한 불만 해소법

오버 부킹(초과 예약)에 대해서는 이렇게 대처하라

개인적으로 해외 여행을 하게 될 때, 분명히 예약을 했음에도 불구하고 호텔에 방이 없어 난감한 상황에 직면할 수도 있다. 그 원인은, 대개의 경우 오버 부킹. 호텔의 초과 예약 접수 때문이다.

낯설고 물선 땅의 호텔에서 "방이 없다"는 말을 듣게 되면 누구라도 곤혹스럽게 마련이다. 당황하여 항의하기보다는 우선 다른 호텔을 찾아보려고 생각할지도 모른다.

그러나 잘못한 것은 호텔 측이므로, 여기서 체념하고 물러서서는 안 된다. 아무리 말이 통하지 않더라도 일단은 항의해야 한다. 여행사로부터 건네 받은 여행 스케줄표나 예약금 지불증 등을 상대방에게 보여주고, 국내어로 말해도 관계없으니까 어찌 됐든 불만을 호소하자.

현지의 불만은 현지에서 풀 것

특히 말이 안 통하는 나라를 여행하게 되면 호텔에 불만이 있어도 아무 말도 못하는 사람이 많은 모양이다.

룸이 지저분하다, 안 좋은 냄새가 난다 하는 경우라면 그래도 어느 정도 참아 볼 수가 있겠지만, 나라나 호텔에 따라서는 이중 예약이 상식인 곳도 있어, 예약한 호텔에 가 보았더니 방이 없더라 하는 사태도

종종 있다.

높은 가동률을 중시하는 호텔에서는 이중 예약이 드문 일이 아니다.

그럴 때 그 자리에서는 아무 말도 못하고 귀국하고 나서 여행사 등에 손해 배상을 요구하는 사람이 있는데, 이것은 생각해 보아야 할 문제이다. 자신에게 얼마나 불쾌한 사실이 있었는지 증명할 만한 자료가 없는 한 여행사도 손쓸 방도가 없다. 더군다나 국제 사회에서는 통용되지 않는다.

호텔의 클레임은 "현장에서, 직접, 곧바로"가 원칙이다. 룸이 맘에 들지 않을 때는 그렇다고 확실히 말하면 바꿔 줄 것이며, 방이 없다면 다른 호텔을 마련해 줄 것이다.

호텔에 들 때 주의할 점

📑 유스 호스텔에 묵으려면

　독일에서 처음 탄생한 유스 호스텔은 가격이 저렴하고 편리하여 젊은이들 사이에서 절대적인 인기를 차지하고 있다. 유럽의 주요 도시라면 어디를 가든 없는 곳이 없으며, 소위 배낭족들로 넘치고 있다.

　이름 때문에 왠지 젊은이들만 이용할 수 있는 것으로 착각하기 쉽지만, 연령에 관계없이 묵을 수 있으므로 자유로운 여행을 즐기는 데는 크게 이용 가치가 있는 숙박 시설이라 할 수 있다.

　단, 회원증을 가지고 있지 않으면 이용할 수 없는 경우가 많으니 주의해야 한다.

　수속은 간단하다. 자기가 살고 있는 시, 군의 유스 호스텔 협회에 신분증을 지참하고 가기만 하면 된다. 유효 기간은 1년이며 약간의 연회비가 필요하지만, 전세계 공통의 패스이므로 해외에 나가기 전에 만들어 두면 여러모로 편리하다.

📑 호객 행위를 일삼는 호텔에 드는 것은 금물

　개인적으로 하는 여행은 일정에 얽매일 필요도 없고 자유롭게 맘대로 움직일 수 있다는 점이 최대의 매력이다. 물론 세심하게 스케줄을 세워 숙소에서부터 현지에서의 이동 수단까지 예약해 두는 타입도 있겠지만, 그렇지 않은 경우라면 가장 곤란한 것이 여행지의 호텔 정하기이다.

"오늘밤의 거처를 정하고 나서 행동을 개시하자" 하는 생각이라면, 공항일 경우 예약 카운터를 이용하는 것이 좋다. 이러한 카운터에서는 이코노미 클래스도 마련하고 있으므로, 희망지나 예산 등을 확실히 밝히고 고르도록 하자.

버스나 열차로 도착했을 경우에는 직접 호텔가를 둘러보아도 좋고, 그 곳의 관광 안내소를 이용하는 것도 좋다.

몇 개의 후보를 국내에서부터 알아 놓았다가 현지에서 전화해도 상관없지만, 개인 여행자를 겨냥하여 출몰하는 호객꾼의 꼬임에는 넘어가지 말아야 한다. 이런 호텔에서 묵고 "좋은 호텔이었다"고 하는 예는 눈 씻고 찾아보려 해도 없기 때문이다.

📙 체크인 시간에 주의할 것

호텔에 묵을 때, 또한 주의할 것이 체크인을 하는 시간. 18시를 넘기면 "노 쇼(예약 부도)"라 하여 예약이 취소될 뿐만 아니라 경우에 따라서는 취소에 따른 수수료를 청구당하게 되는 일도 있다.

늦어질 것 같으면 미리 호텔에 전화로 체크인할 시간을 알려 두는 것이 좋다. 교통 기관의 사고 등으로 부득이하게 늦어지는 경우에도 연락을 취해 두는 것이 좋다.

또한 비행기의 도착이 늦어지는 경우에는 호텔에 연락 서비스를 해 주는 항공사도 있다. 서비스의 유무는 승무원에게 문의해 보도록 하라.

2장
거리에 나갈 때 이런 행동은 금물

눈에 띄는 복장은 가급적 피할 것 / 커플 룩은 돈을 가지고 있다는 증거!? / 로고가 들어간 티셔츠는 촌스럽다 / 공중 화장실을 이용하는 것은 금물 / 화장실에 갈 때는 잔돈을 가지고 갈 것 / 남성용 화장실, 짐은 어떻게? / 문을 노크하면 화를 낸다!? / 화장실은 적고, 지저분한 것으로 생각할 것 / 친밀하게 말을 붙여 오는 사람에게는? / 같은 나라 사람이라도 방심은 금물 / 권하는 대로 아무 음식이나 다 먹지 말 것 / 이국의 여행객에게 길을 묻는 사람은 수상한 사람 / 단체 행동이라도 해이한 마음은 금물 / 바가지 요금을 요구하는 가게에서 돈을 지불할 때는? / 날치기에 저항하는 것은 금물 / "공갈꾼"에게는 냉정한 태도로 / "헬프 미" 하고 외쳐서는 안 된다 / 두리번거리는 것은 금물 / 단정치 못한 걸음걸이는 표적이 되기 쉽다 / 차도변을 따라 걷는 것은 위험 / 어린아이라 해도 방심은 금물 / 공중 전화를 이용한 도난을 방지하려면 / 허리 색도 안심은 금물 / 가방을 어깨에 엇걸어 메는 것도 위험 / 남 앞에서 돈이 든 지갑을 꺼내지 말라 / 지갑을 뒷주머니에 넣고 다니는 것은 위험 / 모처럼 산 선물을 분실하지 않으려면 / 신용 카드는 많이 가지고 다니지 말 것 / 항상 주변 상황을 파악하지 않으면 위험 / 길에서 배포하는 물건은 받지 말 것 / "자기만큼은 괜찮다"는 사고는 금물 / 무허가 환전상은 이용하지 말 것 / 무거운 짐을 들고 오래 걸으면 병이 난다!? / 아무리 혼잡해도 다른 사람 몸에 닿지 않도록 할 것 / 에스컬레이터의 한가운데 서서는 안 된다 / "smoke free"는 흡연실이 아니다 / 해외는 "보행자 우선"이 아니다 / 공공 장소에서 떠드는 것을 삼가라 / 현지의 서머 타임에 유념할 것 / 빈손으로 슈퍼마켓에 가지 말라 / 공중 전화에는 많은 돈을 주입하지 말라 / 여성은 승려에게 지나치게 가까이 접근하지 말라

어떤 복장으로 나가는 것이 좋을까

👉 눈에 띄는 복장은 가급적 피할 것

해외 여행이라고 기분이 들떠 고급 새 양복을 입고 나가는 사람이 있다. 휴양지에 가는 건데 하고 과감한 신체 노출을 거리끼지 않는 여성도 드물지 않다.

그러나 이렇듯 남의 눈에 띄는 복장은 해외에서는 절대 금물이다. 고급스런 새 양복은 "여행자입니다" 하고 떠들며 다니는 것과 마찬가지여서 소매치기 등의 표적이 되기 쉽고, 노출이 심한 복장은 현지의 위험한 "늑대"들의 목표물이 될 수도 있다.

복장은 어디까지나 깨끗하고 평상시 입는 옷에 가까운 것을 고를 것. 현지가 여름이라면 폴로 셔츠에 면바지 정도면 충분하다. 단, 청바지나 T셔츠는 평소에는 편하지만 호텔이나 레스토랑 등의 격식 차린 자리에는 어울리지 않으므로 주의해야 한다. 점잖은 양복 한 벌과 구두 한 켤레쯤은 준비하도록 하자.

👉 커플 룩은 돈을 가지고 있다는 증거!?

한국인 신혼 커플은 많은 선물을 마련하기 위해 돈을 잔뜩 가지고 다닌다는 소문이 전세계적으로 퍼져 있다.

즉 신혼이라는 것이 상대방에게 알려지면 소매치기나 강도 등의 습격을 받을 가능성이 훨씬 높아지게 되는 것이다.

그러므로 커플 룩은 삼가는 것이 좋다. 비단 신혼 여행뿐만 아니라 그저 단순한 커플도 마찬가지. 커플 룩은 국내에 돌아가서 실컷 입으면 된다.

로고가 들어간 티셔츠는 촌스럽다

국내에서는 영어 로고가 들어간 T셔츠를 입은 사람을 어렵지 않게 볼 수 있다. 그러나 국내에서는 근사하게 보일지 몰라도 미국이나 유럽인들에게 웃음거리를 제공하게 되는 경우가 적지 않다.

예를 들어 지명이 크게 들어간 T셔츠는 여행자임을 그대로 드러내며, 담배 등의 로고가 들어간 것도 국내에서 "디스"라고 모국어 표기로 쓰여져 있는 T셔츠를 입고 다니는 것과 같은 것이다. 그리고 영어의 뜻도 제대로 모르고 입었다가 남자를 유혹하는 내용이기라도 하면 특이한 여자라는 오해를 살 수도 있다.

서양에 갔을 때는 영어 로고가 들어간 T셔츠는 가능한 입지 않는 것이 좋다.

화장실에 들어갈 때는

📋 공중 화장실을 이용하는 것은 금물

화장실이 적은 서양에서는 공중 화장실을 발견하게 되면 천군만마를 얻은 듯한 마음이 들겠지만, 그렇다고 해서 마음놓고 이용해서는 안 된다. 공중 화장실은 사람 눈에 잘 띄지 않는 곳에 설치되어 있는 경우가 많아, 범죄가 일어날 가능성이 실로 높다.

어지간히 참기 힘든 경우가 아니라면 이용하지 않는 것이 좋다. 그래도 이용하고 싶다면 여성의 경우에는 절대로 혼자서 가는 일이 없도록 하고, 또한 여럿이 함께 가더라도 들어가기 전에 안을 살짝 들여다 보고 이상한 사람이 없는지를 체크하는 것을 잊지 말도록 하자. 수상한 인물이 있는 것 같으면 그 화장실은 체념하라.

📋 화장실에 갈 때는 잔돈을 가지고 갈 것

유럽에는 화장실의 수가 그다지 많지 않고, 또한 있다 해도 유료인 경우가 많기 때문에 잔돈 없이 화장실에 가서는 안 된다. 역 등의 공공 기관을 비롯해 레스토랑 화장실조차 유료인 경우가 많고, 여성용인 경우에는 입구에 여자 청소부가 앉아 있다가 요금을 지불하면 문의 열쇠를 따 준다.

참고로, 독일 등지에서는 "○○"라는 제로 두 개의 표시가 화장실을 의미한다는 것을 기억해 둘 것.

👉 남성용 화장실, 짐은 어떻게?

인간이란 일을 볼 때는 경계를 풀게 마련이다. 외국에서는 그 어쩔 수 없는 때를 노리는 범죄가 적지 않으므로 방심은 금물이다. 특히 남성은 주의할 것.

여성은 항상 독실을 이용하게 되지만, 남성은 소변을 볼 때 남 앞에서 일을 보게 된다. 이때 커다란 짐은 대개 눈앞 선반 위에 올려놓지만, 보조 가방같이 작은 것은 팔에 끼고 일을 보는 사람이 많은 것 같다. 얼핏 보기에 별 문제 없어 보이지만, 이것은 실로 위험하다. 일을 한창 보고 있을 때 가방을 등뒤에서 싹 채가는 일이 빈발하기 때문이다. 때가 때이니 만큼 바로 쫓아갈 수도 없고, 범인이 등뒤에서 나타나기 때문에 얼굴도 확인하지 못한다. 따라서 결국 별수없이 체념할 수밖에 없는 경우가 많다.

짐은 아는 사람에게 맡기든지, 그것이 불가능하다면 독실을 이용하도록 하자.

👉 문을 노크하면 화를 낸다!?

국내에서 화장실에 들어갈 때는 일단 노크를 하여 누군가가 있는지 없는지를 확인하는 것이 매너이지만, 서양의 경우에는 노크에 다른 의미가 있다. 들어 있는 사람이 있을 경우, 노크하는 것은 "빨리 나와"라고 재촉하는 뜻이 된다고 한다.

서양의 화장실에서 안에 사람이 있는지 없는지를 확인하려면 문을 비틀어 보는 것이 "룰". 국내에서는 실례에 해당하는 행동인 만큼 착

각하기 쉬우므로 주의하도록 하자.

　📖　**화장실은 적고, 지저분한 것으로 생각할 것**

　화장실은 아무데나 다 있는 것으로 생각하기 쉬우나, 해외에서 이런 상식은 통용되지 않는다. 국내 백화점이라면 각 층에 화장실이 있는 것이 기본이지만, 서양의 경우에는 3층에 하나 정도밖에 없는 경우가 흔하다. 단체 여행일 경우에는 휴게소에 들른 김에 화장실에 가는 일이 많지만, 개인적으로 움직일 때는 화장실이 적다는 사실을 염두에 두지 않으면 대단히 난처해질 수도 있다.

　그리고 개발 도상국의 경우에는 공중 화장실의 환경이 견디기 힘들 정도로 열악한 경우가 많다. 청결이라는 면에서는 말할 것도 없고, 칸

막이가 없거나 수세식이 아니거나 하는 경우도 적지 않다. 화장실을 찾기는 했어도 도저히 일을 볼 수 없는 등의 상황에 직면할 수 있는 것이다.

    이러한 점들을 의식하여 여행지에서는 필요 이상으로 수분을 섭취하지 않도록 명심해야 한다. 또한 외출하기 전에 화장실에 들르고, 외출한 곳에 화장실이 있을 경우에는 꼭꼭 들르도록 하는 것이 중요하다.

낯선 사람을 조심하라

🪧 친밀하게 말을 붙여 오는 사람에게는?

호텔이나 레스토랑, 골목 등지에서 낯선 인물이 친밀하게 접근해 오면, 상대방이 아무리 인상이 좋고 친절할 것 같아도 방심은 금물이다. 일단 사기꾼이나 건달일 가능성은 없는지 의심해 보고, 끝까지 주의깊게 지켜보도록 해야 한다.

이때 무엇보다 조심해야 할 것이, 상대방의 이야기를 듣기만 하고 아무 말 안 하면 된다는 태도. 자신의 의지와는 달리 자칫 상대방의 페이스에 말려들기 쉽기 때문이다.

그럴 때는 이쪽에서도 여러 가지로 물어보는 것이 좋다. 이것저것 묻는 동안에 상대방이 거짓말을 하는 것이라면 앞뒤가 맞지 않는 이야기를 하게 될 것이고, 이야기에 조금이라도 이상한 낌새가 느껴지면 재빨리 상대방에게서 떨어져야 한다.

🪧 같은 나라 사람이라도 방심은 금물

해외 여행지에서 같은 나라 사람을 만나면 왠지 반갑고 마음이 든든해진다. 자국 관광객이 많은 곳이라면 자국인을 보는 것이 지겨울 따름이겠지만, 자국인이 적은 나라에 가면 반가워 포옹이라도 하고 싶을 것이다.

그러나 상대방이 같은 나라 사람이라 해서 마음을 느슨하게 가져서는 안 된다. 유감스럽게도 자국인이라는 점을 악용하여 이쪽을 안심시킨 뒤에 돈을 갈취하는 사례가 적지 않다. 중요한 것은, 상대방이 누구인지를 막론하고 경계를 풀어서는 안 된다는 것. 경계심이 전혀 없거나 태도가 애매하면 상대방에게 약점을 잡히게 되므로, 어디까지나 용의 주도한 태도를 보여야 한다.

권하는 대로 아무 음식이나 다 먹지 말 것

기차 안이나 배 안 등지에서 다른 나라 여행자와 사귀게 되는 것. 이것이 또한 해외 여행의 즐거움 중 하나일 것이다. 때로는 이야기가 잘 맞아 실로 우호적인 분위기로 발전하여 상대방으로부터 마실 것이나 먹을 것을 건네 받는 일도 있을 수 있다. 그러나 유감스럽게도 안이하게 그것을 입에 대서는 안 된다. 해외, 특히 동남아시아나 유럽의 국제 열차 같은 데서는 수면제가 들어 있는 음식을 상대방에게 주고 잠든 틈을 타 귀중품을 훔치는 범죄가 횡행하고 있다.

모처럼의 여행으로 인해 갖고 있던 신기루에 물을 끼얹는 격이지만, 이것이 현실. 상대방의 호의를 의심하는 것은 미안한 일이지만, 피해를 미연에 방지한다는 마음에서 받은 음식은 그럴싸한 핑계를 대고 먹지 않는 것이 좋다.

이국의 여행객에게 길을 묻는 사람은 수상한 사람

쇼핑을 끝내고 도로에 나온 순간 낯선 외국인 2인조가 길을 물어 왔다면 당신은 어떻게 대처하겠는가.

여행자가 아니라 이 곳에 사는 현지인으로 보였나 보다 하는 마음에 우쭐해질 수도 있고, 혹은 상대방이 내민 지도를 들여다보며 마침 아는 곳이라면 친절하게 가르쳐 주고 싶어질지도 모른다.

그러나 아무리 봐도 그 지역 사람으로는 보일 턱이 없는 동양인에게 왜 일부러 길을 묻는 것인가 하는 점에 우선 의심을 품지 않으면 안 된다. 길을 가르쳐 주고 문득 깨달았을 때는 손에 들었던 쇼핑백을 잠깐 도로에 놓은 것 같은데 감쪽같이 사라지고 없는, 허무한 상황으로 전개될 수도 있는 노릇이다.

위와 같은 사례는 사람 좋은 동양인을 노리는 전형적인 범죄 수법이다. 아무리 단순한 질문이더라도 정신을 빼앗긴 사이에 가방이나 짐에 대해서는 대부분의 사람이 까맣게 잊고 만다.

갑자기 말을 걸어 왔을 때도 그에 응대해서는 안 된다.

단체 행동이라도 해이한 마음은 금물

몇 해 전, 졸업 여행 중이던 여대생 일행이 이탈리아에서 헌팅을 당해 사건에 휘말린 일이 있었다. "아니 일행이 있는데 왜……" 하며 이해하지 못하겠다는 사람들도 많으나, 이는 일행이 있었기 때문에 오히려 마음이 해이해진 탓으로 보는 것이 타당할 것이다. 혼자뿐이었다면 절대로 따라가지 않았을 것이라고 그녀들은 나중에 생각했을 것이다.

그러나 만약 이러한 사건이 호색가들이 많은 이탈리아가 아니라 미국의 어디였다면 유괴되거나 강도를 만나는 등, 더 무시무시한 사건으로 발전할 가능성도 있다.

자칫 이쪽은 단체이고 상대방이 혼자나 둘일 경우 마음을 놓게 되지만, 길을 걷고 있는 동안에 상대방의 인원이 한 사람, 두 사람 늘더니 생각이 미쳤을 때는 주변을 완전히 에워싸서 꼼짝달싹할 수 없게 되는 수도 있다.

  비록 단체로 움직인다 하더라도 절대로 안심하지 말고 마음을 느슨히 먹지 말 것이며, 방심하지 말 것. 에워싸인 전원이 가방까지 송두리째 귀중품을 빼앗긴 후에는 이미 손쓸 도리가 없는 것이다.

위험에 처했을 때 이런 행동은 금물

　🔸 **바가지 요금을 요구하는 가게에서 돈을 지불할 때는?**

　관광 여행을 하는 도중에 술집으로 불려 들어가 딱 한잔만 하려던 것이 어느 새 옆자리에는 접대부가 자리를 하게 되고, 그것을 봉사료니 뭐니 하는 명목으로 100만 원에 가까운 금액을 청구당하거나 하는 사례가 끊이질 않고 있다.

　이런 술집에 만일 들어가게 됐다면 행여라도 청구서대로 지불해서는 안 된다. 하지만 우리 나라와 마찬가지로 소위 "어깨"들이 등장하는 수도 있으므로, 가능한 한 피해를 최소로 줄이려면 많은 현금을 가지고 다니는 것은 삼가고, 가지고 있는 돈만을 두고 나오는 것이 좋다. 만일 신용 카드를 보이거나 한다면 틀림없이 사인을 강요받게 될 것이다. 밤에 외출할 때는 카드류도 지니고 다니지 않는 것이 좋다.

　그리고 한편으로는 피해 상황을 그 지역 경찰서에 신고하라. 술집의 이름과 주소 정도는 확실하게 파악하고 나서 그 자리를 뜨도록 하자. 그렇지만 이미 지불해 버린 돈은 되돌아올 수 없는 돈이라고 생각하는 것이 속 편할 것이다.

　🔸 **날치기에 저항하는 것은 금물**

　해외 여행의 피해 사례 중 가장 많은 것이 날치기라 해도 과언이 아

니다. 여하튼 날치기는 세계 어느 나라를 막론하고 가장 흔하게 일어나는 범죄이다.

　포기하라는 말은 아니지만, 혹시라도 날치기를 당하게 됐다면 저항해서는 안 된다. 쫓아가거나 그 자리에서 범인의 뒤꽁무니에 대고 욕을 하거나 하는 것도 절대 금물이다. 불필요한 저항을 한 대가로 물건을 빼앗기는 것은 물론이고 부상을 입거나, 때로는 목숨까지 잃을 수도 있기 때문이다.

　운 나쁘게 날치기를 당했다면 빼앗긴 물건에 대한 미련은 아낌없이 버리고, 신변의 안전을 무엇보다 먼저 생각하도록 하자.

🏷 "공갈꾼"에게는 냉정한 태도로
　여러모로 표적이 되기 쉬운 우리 나라 사람들이 당하는 피해가 비단 강도나 소매치기, 날치기뿐만은 아니다. 유념해야 할 것이 "공갈꾼"의 존재이다.

이자들은 길목 등에서 와인이나 샴페인 병 등을 종이 봉지에 넣어 가지고 다니다가 일부러 부딪쳐 떨어뜨리고는, "비싼 와인인데, 어떻게 배상할 거냐. 너 때문이다. 물어내라" 하고 위협하는 수법을 이용한다. 뷔페 스타일의 레스토랑에서 접시를 가지고 일부러 부딪친 뒤 "물어내라"고 닦달하는 스타일도 있다.

이러한 "공갈꾼"에게 걸렸을 때는 당황하여 허둥대는 것이 가장 안 좋다. 악질적인 경우에는 기죽지 말고 "입회인으로 경찰을 부르겠다"고 확실하게 말하라. 사람 눈에 잘 띄는 골목이나 레스토랑이라면 상대방은 대부분 뜻을 접고 물러날 것이다.

그러나 시간적으로 야심한 밤이거나 으슥한 장소, 나아가서는 우범지역이거나 상대방이 집단일 때 이 같은 일을 당하게 된다면 이야기는 달라진다. 단순한 공갈꾼이 갑자기 강도로 표변할 수도 있으므로, 어느 정도의 희생은 각오하지 않으면 안 될 것이다.

"헬프 미" 하고 외쳐서는 안 된다

있어서는 안 될 일이지만, 총기류에 대한 규제가 허술한 미국에서는 언제 어디서 강도의 표적이 될지 알 수 없다. 무슨 일이 있어도 우범지역에는 접근하지 말고, 혼자서 걷는 것은 절대로 피하라는 등, 여행에 앞서 여행사로부터 주의 사항을 듣게 될 것이다.

그래도 무슨 일이 일어날지 모르는 남의 나라이니 만큼, 여차할 때의 대처 방법에 대해 알아 두면 손해볼 일은 없다.

일찍이 한 유학생이 "플리즈!"의 의미를 몰라 총에 맞은 불운한 사건이 있었는데, 어쨌든 움직여서는 안 된다. 그리고 절대로 저항해서도 안 된다. 물론 "사람 살려!(Help me!)" 따위를 외치며 소란을 피우는 것도 금물이다. 그런 소리를 지른 것만으로도 총부리에서 불이 뿜어질지 모를 일이다.

웬만큼 영어 실력에 자신감을 갖고 있는 사람이라면 어떻게든 달래고 구워삶아 도망칠 수 있을 것이라고 생각할 수도 있겠지만, 그것이 한층 더 일을 꼬이게 만들 수도 있다. 어쨌든 있는 돈을 다 내주더라도 상대방이 한시바삐 물러가도록 하는 것이 현명한 방법이다.

치기배를 피하는 법

🏷 두리번거리는 것은 금물

낯선 해외에서는 목적지까지 도착하는 도중 아무래도 두리번거리며 주변을 둘러보게 마련인데, 이는 절대로 피해야 할 행동이다. 아무리 주위의 풍경들이 신기하고 목적지를 잘 몰라 불안하더라도 항상 당당하고 여유만만하게 걷는 것이 중요하다.

두리번거리거나 불안스런 표정을 짓고 있으면 여행자라는 것이 금방 들통나, 소매치기나 날치기와 같은 치기배들의 최적의 목표물이 된다. 어딘가에 외출할 때는 사전에 지도를 꼼꼼히 체크하도록 하자.

🏷 단정치 못한 걸음걸이는 표적이 되기 쉽다

소매치기, 날치기 등의 예상치도 못한 갖가지 형태로 범죄자의 목표물이 될 수 있으나, "왜 하필 나야! 나보다 돈 많은 사람도 많은데" 하고 분통을 터뜨려 보았자 소용없다. 그것은 자신의 어느 한 구석에 표적이 될 수밖에 없는 요소를 지니고 있음이 틀림없기 때문이다.

가방은 확실히 어깨에 엇걸어 멨겠다, 지갑을 호주머니에 넣은 것도 아니겠다, 해외 여행 중 물건을 도둑맞지 않기 위해 엄수해야 할 주의 사항을 모두 체크했다 하더라도 혹시 걸음걸이가 흐느적거리지는 않았는가 생각해 보라.

실은 이것으로 인해 가장 표적이 되기 쉬운 것이다.

미국인이나 유럽인을 비롯하여 대개의 외국인은 바른 자세로 등을 꼿꼿이 펴고 성큼성큼 걷는다. 그들은 허리서부터 앞으로 움직이듯이 걷지만, 우리 나라 사람들은 "발로 걷는" 사람들이 많다.

양발로 걷는다는 점에서는 차이가 없지만, 발의 훨씬 위쪽 부분, 즉 다리가 시작되는 허리서부터 걷지 않으면 단정치 못한 걸음걸이로 보여 인품까지도 칠칠치 못한. 그래서 표적으로 삼아도 좋을 것 같은 사람으로 비쳐질 수 있다. 비록 시간적으로 촉박한 여행이 아니고, "느긋한 관광 여행"이 목적이라 해도 걸음만큼은 활달하게 걷도록 하자.

🪧 차도변을 따라 걷는 것은 위험

여행객을 노리는 자들로서 날치기가 단연 많지만, 차나 오토바이를 이용해 낚아채는 수법도 많다. 후자는 특히 차도변을 따라 걷는 사람들을 집중 공략하므로, 표적이 되지 않도록 가급적 차도를 따라 걷는 것은 피하도록 하자.

또한 건물에 너무 붙어서 걷는 것도 위험하다. 사람의 왕래가 적은 장소에서는 건물 뒤쪽 어딘가에 숨어 있던 강도가 느닷없이 나타나 길모퉁이로 끌고 들어갈 수도 있기 때문이다. 그러므로 항상 보도의 한 가운데로 걷도록 명심하자.

🪧 어린아이라 해도 방심은 금물

어린아이는 천진스럽고 귀여운 존재. 그러나 이런 상식도 가끔 가다 깨지는 경우가 있다.

해외에서 작은 아이가 달라붙어 구걸을 하거나 상품을 팔아 달라고 매달리는 모습은 결코 보기 드문 광경은 아니다. 그러나 어린애니까 하고 안심할 수 없는 것이 해외에서의 상식. 정신을 온통 빼앗기고 있는 사이에 쥐도 새도 모르게 주머니의 지갑을 빼내 가는 일이 일어나곤 한다.

이 밖에도 어린아이가 몸을 부딪치면서 카메라나 가방을 잡아채는 일도 드물지 않다. 작은 아이를 의심해야 하다니 씁쓸한 이야기지만, 어린아이를 범죄자로 만들지 않기 위해서라도 내 쪽에서 주의해야 할 필요가 있다.

공중 전화를 이용한 도난을 방지하려면

세계적 대국임을 호언장담하는 미국은 범죄 사건에서도 전세계에 그 이름을 떨치고 있다. 미국의 통계에 따르면, 공중 전화로 전화를 걸다가 습격을 받았다는 보고가 의외로 많다.

큰 사건은 아니지만 날치기나 바꿔치기와 같은 좀스런 도난 사건이 많은 것이다.

대개는 한 손에 수화기를 들고 다른 한 손으로는 동전을 넣고, 즉 양손을 모두 사용하면서 내내 한 곳에 서서 이야기에 열중한다. 게다가 얼굴을 전화 쪽으로 향하고 있어, 다가오는 범인의 존재를 깨닫지 못하게 된다. 이미 조건은 완벽할 정도로 갖추어져 있다고 할 수 있다. 이러한 피해를 막으려면 아무리 양손을 사용 중이라 하더라도 가방 종류는 절대로 손에서 멀리 해서는 안 된다. 팔로 안을 수 없을 때는 양다리에 끼거나 하는 등의 대책을 강구하도록 하라.

또한 등을 도로나 로비 쪽으로 향하지 않도록 하고, 항상 주위를 둘러보면서 이야기하는 것이 좋다.

허리 색도 안심은 금물

허리에 차는 조그만 색은 얼핏 보기에 정말로 편리할 것 같다. 양손이 자유롭고, 허리 앞에 있기 때문에 소매치기와 같은 피해로부터도 안전하다. 또한 허리에 차기 때문에 날치기의 피해도 모면할 수 있다. 그러나 이 안전 신화에도 맹점은 있다.

허리 색의 위치는 어린아이의 손이 닿기에 딱 좋은 높이에 있다. 아이가 물건을 사라고 달라붙은 것 같은데 눈 깜짝할 새에 지갑을 빼내가 버리거나 하는 일이 드물지 않다.

사실 허리 색에 귀중품을 넣고 다니는 것은 우리 나라 사람들 정도일 것이다. 꼭 귀중품을 넣고 다니고 싶다면 항상 허리 색을 손으로 감싸면서 방어하는 정도의 자세가 필요하다.

가방을 어깨에 엇걸어 메는 것도 위험

귀중품은 항상 몸에 지닐 것. 여권이나 지갑이 들어 있는 가방은 가능한 한 목에 거는 주머니에 넣어 속옷 속에 숨겨 두거나 주머니가 달린 전대에 넣어 셔츠 속에 숨기는 것이 이상적이지만, 물건을 살 때마다 옷 속에서 부시럭거리며 꺼내려면 성가실 뿐만 아니라 보기에도 여간 촌스럽지 않다.

그래서인지 극히 평범한 숄더 백에 귀중품을 넣고 날치기를 당하지 않도록 어깨서부터 유치원 가방처럼 끈을 엇걸어 메어 복부 앞쪽으로 늘어뜨리는 사람이 많은 것 같다.

이렇게 하면 안전할 것이라고 생각하겠지만, 지역 특색에 따라서는 꼭 그렇다고 할 수도 없다. 아시아권의 나라에서 몹시 붐비는 만원 버스를 타게 되는 경우, 소매치기의 손이 닿기에 딱 좋은 위치에 가방이 오게 되기 때문이다. 가방만 멀쩡히 남겨 놓고 알맹이는 송두리째 빼내 가는 일이 생길 수도 있으니 조심해야 한다.

더 나아가, 어깨에 멘 끈을 칼로 싹둑 끊어 버리는 난폭한 수법도 간혹 존재한다는 사실을 잊어서는 안 된다.

남 앞에서 돈이 든 지갑을 꺼내지 말라

외국에서는 돈이 잔뜩 든 지갑을 남 앞에서 꺼내지 말아야 한다. 국내에서라면 지폐가 가득 든 지갑은 선망의 대상이 될지언정 별로 위험하지는 않겠지만, 외국에서 그런 것을 함부로 내보였다가는 "훔쳐 가시오" 하고 자청하여 말하는 것과 마찬가지이다.

또한 귀중품은 분산시켜 지니고, 지갑의 내용물은 필요 최소한으로 줄이는 것이 원칙이다. 가방을 날치기 당했을 때와 같은 긴박한 상황에 대비하여 벨트 안쪽이나 신발 속 등에 동전을 숨겨 두면 여차할 때 도움이 된다. 여하튼 눈에 띄는 차림이나 행동은 금물이다.

지갑을 뒷주머니에 넣고 다니는 것은 위험

우리 나라 남성들은 비교적 대수롭지 않게 바지 뒷주머니에 지갑을 넣는다. 소위 지폐를 넣는 왈릿(wallet)은 얇기 때문에 별로 옷의 스타일도 구기지 않고, 재킷 깃에 파묻혀 잘 보이지 않아 안심할 수 있다고 생각하는 것 같다.

국내에서 "잠깐 점심 먹으러……" 하는 정도라면 그것이 용납되겠지만, 해외에서는 위험스런 행동이다. 우리 나라 사람들의 그런 버릇을 해외의 소매치기들이 이미 잘 알고 있기에 제일의 표적이 되고 있다는 것을 명심하기 바란다.

또한 젊은이가 배낭을 짊어진 경우에도 칼로 북 찢으면 물건들이 손쉽게 소매치기의 손에 넘어갈 수 있으므로, 귀중품은 결코 배낭에 넣지 말아야 한다.

트러블을 미연에 방지하려면

🏷️ 모처럼 산 선물을 분실하지 않으려면

여행지에서 구입한 선물을 그대로 들고 다니는 사람이 있다. 그러나 이런 행동은 좋지 않다. 인간은 자기가 처음부터 가지고 있던 물건은 머리 속에 기억하지만, 나중에 늘어난 물건에 대해서는 의외로 잘 잊어버린다. 가방과는 별도로 선물 꾸러미 등의 짐을 손에 들고 다니다가 자신도 모르는 새에 어디다 놓았는지 잊어버리는 수가 있다.

선물을 샀으면 곧바로 가방 속에 넣어라. 가방에 넣을 만한 여유 공간이 없을 때는 짐이 몇 개인지를 세어 "현재의 짐은 전부 4개" 하는 식으로 자신의 머리 속에 주입시켜 두도록 하라.

버스나 전철 등을 내릴 때 물건을 두고 내리기 쉬우므로, 그럴 때는 특히 주의해야 한다. 내리기 직전에 짐이 몇 개인지를 확인하는 것을 잊지 말도록 하자.

🏷️ 신용 카드는 많이 가지고 다니지 말 것

여행지의 호텔에 들었으면 귀중품은 곧바로 귀중품 보관 금고에 넣어 두도록 하라. "호텔 방안인데 아무데나 두면 어때" 하고 대수롭지 않게 여기는 것은 어리석은 생각이다. 현금은 물론이거니와 여행자 수표, 신용 카드, 여권 등도 모두 귀중품 보관 금고에 넣어 두자.

그리고 외출할 때는 필요한 만큼의 현금과 여행자 수표, 신용 카드를 가지고 나가도록 하자.

이때 신용 카드를 여러 장 가지고 있더라도 1장만 가지고 나가는 것이 좋다. 카드 수가 적으면 피해도 그만큼 줄어들 뿐 아니라, 수중에 카드가 남아 있으면 이후의 여행에서 겪을 수 있는 불편도 예방할 수가 있기 때문이다.

여하튼 전부 가지고 다니지 말 것. 이것이 철칙이다.

항상 주변 상황을 파악하지 않으면 위험

해외 여행을 하면서 또 한 가지 흥미로운 것이 있다면 밀치락달치락 북새통 속에서 물건을 구경하는 일이다. 풍경은 진귀하고, 사고 싶은 것은 많고…… 하여 수시로 정신을 빼앗기게 된다. 그러므로 주변을 둘러보거나 주변에서 나는 소리에 귀기울일 여유가 어디 있느냐는 사람이 적지 않을 것이다.

하지만 쇼핑이나 관광을 즐기는 동안에도 너무 열중해서는 안 된다.

만일 쇼핑이나 관광을 한창 즐기고 있을 때 갑자기 큰소리가 들린다면 곧장 그 방향에 주의를 집중시켜라. 모두가 외부의 이상한 소리에 주목하고 있는데 그 틈을 노려, "좋은 물건을 내가 먼저 사야지" 하는 등의 치사한 생각은 금물이다.

의식을 집중시켰으면 다음은 주변 사람과 똑같은 행동을 취하도록 하라. "불이야!", "경찰이다. 엎드려!" 등의 아무리 큰소리가 나도 현지의 언어에 정통하고 있지 않은 이상, 적절한 행동을 취하기란 불가능하다. 이러할 경우, 절대로 자기 맘대로 해석하여 행동해서는 안 된다. 주위 사람들에 맞춰 행동하는 것이 신변을 지키는 비결이다.

익숙한 곳이 아닌 만큼 평소보다 갑절의 주의가 필요하다.

길에서 배포하는 물건은 받지 말 것

국내에서는 홍보 차원에서 무료로 티슈를 나눠 주는 광경을 어렵지 않게 볼 수 있으며, 받아도 별로 문제될 것은 없다. 그러나 해외 여행일 경우에는 이야기가 다르다.

얼핏 보기에 무료로 나눠 주고 있는 것 같아도, 이를 받게 되면 나중에 돈을 내라며 억지를 부리는 일이 적지 않다.

처음부터 손을 내밀지 않는 것이 상책이지만, 만일 손에 받아들게 되었을 때는 곧바로 상대방에게 돌려주어라. 상대방이 되받으려 하지 않으면 가까운 벤치 등에 그 물건을 놓고, 곧바로 그 자리를 뜨도록 하자.

"자기만큼은 괜찮다"는 사고는 금물

대부분의 사람들에게는 "무서운 것을 도리어 보고 싶어하는 마음"이 있다. 물론 무서운 것이 좋을 리 없지만, "보는 것뿐이라면야……" 하는 심리는 누구에게나 있는 것 같다.

그러나 그러한 생각을 외국에 가서까지 가진다면 큰일날 수도 있다. 전세계에는 우리들이 상상도 할 수 없는 위험 지대가 무수하게 많다. 한 발짝 안으로 들어가면 무사히 살아 나올 수 없는 곳조차 있다.

파리나 런던, 로스앤젤레스와 같은 대도시에는 생활이 불안정한 사람이 운집해 사는 위험 지대가 적지 않으며, 브라질 등에도 빈민이 모여 사는 위험 지대가 있다. "자기만큼은 괜찮다"고 과신하여 "여행의 추억거리 삼아 좀 들여다보고 갈까" 하고 가벼운 기분으로 접근하는 것은 너무나도 위험하다. 몸에 지닌 것을 몽땅 털리고, 거기에다 여기저기 얻어맞아 피투성이가 된 채 참혹하게 내던져지는 관광객도 적지 않다.

후회해도 "이미 소 잃고 외양간 고치기". 어느 지역이 위험한지를 미리 파악하여, 절대로 접근하는 일이 없도록 해야 한다.

무허가 환전상은 이용하지 말 것

해외 여행지에서 환전을 할 때, 무허가 환전상은 가급적 이용을 피하는 것이 좋다.

가짜 지폐를 주거나 때로는 돈을 갖고 달아나는 등 위험 요소가 많이 내재되어 있으므로, 아무리 상대방이 교묘한 말로 구워삶더라도 거절할 것.

환전은 은행에서 하는 것이 기본이며, 나아가 국립 또는 국가의 자본으로 세워진 은행이라면 더 좋다. 공항이나 국제 열차의 도착역에 위치한 환전소는 시세가 좋으냐 좋지 못하냐에 따른 영향을 받게 되고, 정식 환전상인 경우에도 수수료가 비싼 경우가 많다. 호텔의 환전도 시세가 높기 때문에 부득이한 경우를 제외하고는 피하는 것이 좋다. 굳이 이용해야 되는 경우라면 필요 최소한의 금액에 한정하여 환전하도록 하라.

무거운 짐을 들고 오래 걸으면 병이 난다!?

테니스를 하는 사람이 걸리기 쉬운 병 중에 테니스 엘보라는 것이 있다. 팔꿈치가 아프고 구부리거나 펴는 것이 부자유스러워지는 병인데, 심해지면 물건을 집는 일조차 제대로 못하게 된다.

해외 여행에서 돌아온 사람들 중에 이 테니스 엘보와 같은 증상을 호소하는 경우가 드물지 않다. 그것은 많은 짐을 손에 들고 다니기 때문이다.

가방에 들어 있는 것이 어디 카메라뿐이겠는가. 여기저기서 사 집어 넣어 묵직해진 짐을 들고 이쪽으로 갔다, 저쪽으로 갔다…… 이런 상황에 팔꿈치에 통증을 느끼지 않는다면 그것이 오히려 이상한 일이다.

테니스 엘보를 방지하려면 한꺼번에 많은 짐을 들고 다니는 상황을 피해야 한다. 또한 부득이 들고 다닐 수밖에 없을 때는 팔에 걸지 말고 가슴에 안도록 하는 것이 좋다.

현지의 법을 따르라

🔖 **아무리 혼잡해도 다른 사람 몸에 닿지 않도록 할 것**

평소에 만원 버스나 콩나물 시루 같은 전철에 익숙한 탓인지 국내에서는 다른 사람과 살이 맞닿는다 하여 그리 불쾌하다거나 할 것은 없다.

하지만 유럽이나 미국에서는 이야기가 틀리다. 서양인들은 설령 팔꿈치 하나만 살짝 닿아도 실례로 생각하는 등, 남과 서로 닿는 것을 매우 꺼리기 때문이다.

그러므로 아무리 혼잡스러운 곳이라도 남의 몸에 접촉해서는 안 된다. 어쩌다 접촉하게 되었을 경우에는 곧바로 "excuse me"나 "sorry", 혹은 "pardon(실례)"이란 말로 사과하도록 하자.

이러한 습관은 집 안에서든 친구끼리이든 마찬가지이다.

🔖 **에스컬레이터의 한가운데 서서는 안 된다**

에스컬레이터에 탔을 때는 정중앙에 서서는 안 된다. 이것은 우리 나라에서도 이제 꽤 정착된 습관인데, 급한 사람이 먼저 올라갈 수 있도록 한쪽에 서고 반대쪽을 비켜 주는 것이 에티켓이다.

우리 나라의 경우, 왼쪽에 서고 오른쪽을 비켜 주는 것이 규정으로 되어 있다. 일단 이것이 우리 나라의 기본적인 룰이라 할 수 있다.

반대로 오른쪽에 서고 왼쪽을 비켜 주는 것이 기본인 나라도 있다. 나라에 따라 어느 쪽을 비켜 주는가에는 차이가 있으므로, 주변 사람에 맞춰 행동하면 된다.

📑 "SMOKE FREE"는 흡연실이 아니다

최근에는 금연 장소가 늘어 애연가들의 입지가 점차 좁아지고 있다. 해외에서도 금연 운동이 활발한 나라가 많은데, 특히 선진국에서는 상당히 엄격하다.

때문에 반드시 기억해 두어야 할 것이 금연이란 표시. 그림으로 표시되어 있거나 "NO SMOKING"이란 표시가 있으면 대개의 사람들이 거기가 금연이란 것을 알 수 있을 것이다.

그러나 가끔 눈에 띄는 "SMOKE FREE"라는 표시는 헷갈리기만 할 것이다. "자유롭게 피워도 좋다"고 착각하기 쉽지만, 이것도 실은 금연을 표시하는 말이다.

여기서 말하는 "FREE"란 "무"의 의미로써 "연기가 없다"는 것을 말한다. 즉 "금연"인 것이다.

이 뜻을 제대로 모르고 담배를 피우게 되면 웃음거리가 되는 것은 물론이고 국가에 따라서는 벌금을 물게 되는 경우도 있으므로, 절대로 착오 없기 바란다.

해외는 "보행자 우선"이 아니다

해외에서 길을 걸을 때는 아무쪼록 주의해야 한다. 우리 나라에서는 차보다는 보행자가 우선이기 때문에, 걷는 사람이 있을 경우 차는 조심스럽게 멈춰 서거나 속도를 떨어뜨려 준다.

그러나 해외에서는 사정이 다르다. "어차피 차가 설 텐데 뭐" 하는 생각은 통하지 않으며, 오히려 "보행자보다는 차가 우선"이다. 우리 나라의 교통 법규는 해외에서 통용되지 않을 때가 많다는 것을 각오해야 한다.

또한 대부분의 나라에서는 우리 나라와 마찬가지로 차가 우측 통행이지만, 일본에서는 우리 나라와는 반대로 좌측 통행이다. 이것을 착각하여 사고를 당하는 경우도 적지 않으므로 조심해야 한다.

공공 장소에서 떠드는 것을 삼가라

세계 각지의 여러 유명한 관광지를 구경하다 보면 우리 나라 사람들이 큰소리로 떠들며 다니는 모습을 심심치 않게 볼 수 있다.

그러나 아무리 즐겁고 기분이 들떠 있더라도 공공 장소에서는 떠들면 안 된다.

　여행객들에게는 관광지일지 몰라도 현지인의 입장에서 보면 매일 매일의 생활의 장인 것이다. 그 지역에 우르르 제멋대로 들어와 어디서 들어 보지도 못한 말로 왁자지껄 큰소리로 떠든다면, 폐도 이만저만한 폐가 아니다. 아무리 여행자일지라도 매너는 반드시 지켜야 하며, 아무리 즐겁더라도 사리 분별을 잃지 말 것.

현지의 서머 타임에 유념할 것

　서양에는 서머 타임을 적용하는 나라가 적지 않다. 해외에 나갈 때는 그 나라가 서머 타임을 적용하고 있는지 아닌지의 여부를 확인하고, 언제부터 적용되는지를 체크해 두는 것이 필요하다.

　이를 모르고 때마침 서머 타임이 적용되었을 때 미국이나 유럽을 여행하거나 하면, 그 덕분에 생각지도 못한 낭패를 맛볼 수도 있다.

　눈을 떠 보니 서머 타임으로 바뀌어 옵션 투어의 출발 시간에 대지 못해 혼자만 덩그러니 남게 되는 사태라도 일어난다면, "이보다 더 비참할 수는 없다"가 아닌가. 자신도 괴롭겠지만, 주위 사람들에게도 폐를 끼치는 일이다. 놀러 간 것이라면 그나마 낫겠지만, 업무차 간 것이라면 돌이킬 수 없는 결과로 이어질 수도 있다.

　익숙지 않은 제도라서 무심코 잊기 쉬운 서머 타임. 투어라면 가이드가 알아서 설명해 주겠지만, 개인적인 여행일 경우에는 특히 주의하도록 하자.

빈손으로 슈퍼마켓에 가지 말라

　우리 나라의 슈퍼에서는 대부분 물건을 살 때 봉투도 함께 사서 거기에 담으면 된다.

우리 나라와 마찬가지로, 나라에 따라서는 물건을 담는 봉투가 유료라서 필요할 경우 계산대에 말해 돈을 지불하고 사야만 하는 곳도 있다.

값은 얼마 안 들겠지만, 쇼핑용 봉투 없이 쇼핑에 나서는 것은 쓸모없는 비용을 발생시키는 원인이 되기도 한다.

여행지에서는 10원 한 장이라도 헛되게 쓰고 싶지 않은 것이 인지상정이므로, 빈손으로 슈퍼마켓에 가는 일이 없도록 하자.

공중 전화에는 많은 돈을 주입하지 말라

미국에서 공중 전화를 이용할 때는 처음부터 많은 돈을 넣지 않도록 해야 한다. 왜냐하면 이용하지 않은 만큼의 돈, 즉 잔돈이 반환되지 않기 때문이다.

또한 미국의 공중 전화는 처음 3분 간의 통화에 필요한 돈을 주입하지 않으면 전화가 연결되지 않는다.

시내 통화라면 20센트 동전을 넣으면 되지만, 시외 통화의 경우에는 20센트로 3분 간 통화가 곤란하기 때문에 번호를 열심히 눌러 봤자 전화가 연결될 리 없다. 대신 음성 메시지가 희망하는 번호의 상대방과 3분 간 통화하는 데 필요한 금액을 알려 준다. 음성 메시지가 끝나면 20센트 동전이 반환되므로, 35센트가 필요하다면 35센트를 다시 넣으면 된다.

참고로, 미국에는 전화 회사가 많은데, 어느 전화 회사를 이용하든지 다른 지역에 전화를 걸 때는 "1"을 누르고 나서 원하는 번호를 눌러야 한다.

이 사실을 모르면 돈을 넣었어도 전화가 안 되는 사태가 발생하게 되므로 주의할 것.

여성은 승려에게 지나치게 가까이 접근하지 말라

경건한 불교의 나라 타이에서는 여성이 조심하지 않으면 안 될 일이 있다. 우선 여성은 승려에게 함부로 말을 걸거나 승려의 신체, 또는 옷을 만져서는 안 된다.

절에 따라서는 아예 여성의 출입을 금지하고 있는 곳이 있을 정도이므로, 공공 장소 등에서 승려를 보더라도 다가가지 않는 것이 좋다.

남존여비라며 억울해 하는 사람도 있겠지만, 이것은 신앙심이 두터운 타이 사람들에 대한 매너이다.

또한 타이 사람들은 머리를 신성한 곳으로 여기므로 어린아이의 머리를 쓰다듬는 것도 금물이며, 해수욕장 같은 곳에서 머리 옆에 발을 두는 것도 절대 금물이다. 남녀의 애정 표현에 대해서도 민감하기 때문에 공공 장소에서는 보다 신경을 써서 조심스럽게 행동하도록 하자.

3장
대중 교통 수단을 이용할 때 이런 행동은 금물

자국 언어에 능통한 운전사를 조심하라 / 정해진 승강장에서 타도록 하라 / 팁은 내리기 전에 주지 말 것 / 버스가 왔을 때 가만히 서 있으면 안 된다 / 뒷좌석에는 앉지 말라 / 함부로 도중 하차 하지 말라 / 버스의 차량 번호를 기억해 둘 것 / 차내의 음주·흡연은 절대로 삼갈 것 / 세면 도구는 차 안에 가지고 들어가라 / 자동 속도 지정 시스템이 장착된 차가 편리 / 새 차를 고르는 것은 금물 / 중근동 지역에서는 렌터카의 운전을 삼가라 / 음주자를 태우는 것 자체만으로도 위법 / 히치하이크는 영화 속에서나 / 국내 이상으로 매너 준수에 신경 쓸 것 / 이탈리아에서는 신호를 지키지 말라!? / 프랑스의 교통 예절은 최악 / 추돌 사고가 났어도 문을 열지 말라 / 추돌 사고가 났어도 언쟁하지 말라 / 교통 위반으로 붙들렸다면 그 자리에서는 고분고분히 / 사고에 말려들었더라도 절대 사과하지 말 것 / 차 안의 귀중품은 밖에서 보이지 않도록 / 야간 드라이브는 절대 피할 것 / 번화한 도심에는 차를 가지고 들어가지 말라 / 보험 적용이 안 되는 도로가 있다 / 휴일 운전은 교통 체증을 각오하라

택시를 잡을 때 주의할 점

 자국 언어에 능통한 운전사를 조심하라

해외 여행을 하다 보면 택시를 잡을 기회가 많을 텐데, 국내에서처럼 안이한 생각으로 탔다가는 봉변을 당할 수 있다. 아무쪼록 악덕 운전사를 조심해야 한다.

영어나 현지어를 잘 못하는 사람이 자신의 모국어로 "10달러면 되겠습니까?" 하는 말을 듣게 되면 반가운 나머지 호의적인 마음을 갖게 된다. 그러나 이런 운전사일수록 요주의 인물. 자국 언어로써 안심시킨 뒤에 나중에 터무니없는 금액을 요구하거나 하는 사례가 적지 않다. 자기 나라 말을 잘 한다고 해서 믿었다가는 큰일난다.

마찬가지로 공항 등에서 열심히 호객 행위를 하는 운전사도 위험하다는 것을 기억해 두자.

 정해진 승강장에서 타도록 하라

마중이 있는 패키지 투어라면 마중 나온 전용 버스가 공항에서부터 호텔로 짐까지 통째로 날라다 준다. 그러나 개인적인 여행이거나 마중이 없는 패키지 투어의 경우, 혼자 알아서 호텔까지 가지 않으면 안 된다. 싸게 가려면 버스를 타야겠지만 어디서 버스가 출발하는지 짐을 들고 찾기는 힘들고, "차라리 택시를 탈까" 하고 결심했다면 반드시 정해진 승강장을 찾아야 한다.

어떻게든 공항에서 빠져 나가 보려고 우왕좌왕하는 손님에게는 불법 자가용 영업 택시가 말을 붙이며 다가가거나 짐짓 정식 택시인 양 기다리고 있으므로, 그런 택시들의 "밥"이 되지 않으려면 설령 줄이 길게 늘어서 있더라도 반드시 정해진 승강장에서 기다려야 한다.

까딱 잘못하여 이런 택시를 타게 되면 상식적으로 납득이 가지 않는 요금을 물게 되거나 타자마자 강도로 표변하는 경우도 있다.

팁은 내리기 전에 주지 말 것

서양에서는 택시를 타는 데도 팁이 필요하다. 그러므로 승차할 때는 미리 잔돈을 준비해 두는 것이 좋다.

문제는 팁을 언제 주느냐 하는 "타이밍"인데, 절대로 내리기 전에 주어서는 안 된다. 택시 서비스에는 목적지에 손님을 내려 주고 짐을 트렁크에서 내려 주는 것까지가 포함되므로, 그것이 모두 끝난 후에 주는 것이 좋다.

운전사가 자신의 좌석으로 다시 돌아가면 조수석의 창문을 통해 요금과 팁을 건네고, 필요하다면 영수증도 받는다.

팁의 금액은 요금의 15%가 적정하며, 짐이 무겁거나 할 경우에는 좀더 많이 줄 것.

버스 승차 시 주의할 점

버스가 왔을 때 가만히 서 있으면 안 된다

우리 나라의 버스는 버스 승차장에 사람이 있으면 거의 다 서 주지만, 외국의 버스는 반드시 선다고는 볼 수 없다.

자신이 타야 할 버스가 왔으면 가만히 버스 승차장에서 기다리고 있으면 안 된다. 크게 손을 흔들든가 버스를 향해 뛰어가든가 해서 자신이 타고자 한다는 것을 운전사에게 알리지 않으면 그냥 지나가 버리게 된다.

버스를 타기는 했지만 자기가 내려야 할 장소를 제대로 몰라 자신이 없는 경우가 있다. 그럴 때는 메모 쪽지 등을 운전사나 주변에 있는 승객들에게 보여 주고 목적지에 닿으면 알려 달라고 부탁해 두는 것이 확실한 방법이다.

뒷좌석에는 앉지 말라

해외를 여행할 때는 미국의 "그레이하운드" 등과 같은 장거리 버스를 이용하는 일도 있게 된다. 커다란 버스에 몸을 싣고 흔들거리면서 광대한 땅을 질주하는 여행은 각별한 맛이 있다.

그러나 이처럼 커다란 버스에 탈 때는 뒤쪽에 앉아서는 안 된다. 운전사의 시선이 뒤쪽까지 미치지 않아 승객의 모습을 파악할 수 없기 때문에, 무슨 문제가 일어나도 눈치채지 못하는 경우가 많다.

특히 여성은 조금이라도 운전사에 가깝게, 즉 앞쪽의 자리를 고를 것. 그것도 다른 여성 승객이 가까이에 있는 좌석이라면 더 좋다.

그러려면 버스에 승차할 때는 가능한 한 빨리 줄을 설 필요가 있다.

함부로 도중 하차 하지 말라

장거리 버스를 탈 때는 중간에 휴게소에 들르게 된다. 그런데 그 곳의 경치에 완전히 넋을 빼앗겼다면 도중 하차 해도 과연 괜찮을까?

도중 하차도 기본적으로 못할 것은 없다. 의외로 다이내믹한 전개야말로 버스 여행이 아니면 맛볼 수 없는 즐거움일 수 있다.

그러나 아무 생각 없이 도중 하차 하는 것은 생각해 볼 문제이다. 노선에 따라서는 버스가 하루에 1대밖에 없는 경우도 있다. 그러므로 숙박 문제까지 포함하여 현지 상황을 잘 알아본 후에 하차할 것인지 말 것인지 정해야 한다.

버스의 차량 번호를 기억해 둘 것

미국의 국내를 종횡으로 달리는 그레이하운드, 혹은 국경을 넘어 몇 개국을 연결하는 유럽의 국제 장거리 버스. 이러한 버스 여행은 비행기를 이용한 단순한 이동보다 육체적으로 피곤한 점은 있다. 하지만 변화 무쌍한 경치나 다채로운 사람들의 생활상을 바로 옆에서 볼 수 있어, 시간에 여유가 있는 여행자로서는 꼭 한 번 해 볼 만한 여행이다.

단, 휴게소 등에 정차하여 한 번 내리고 나서 다시 타려 할 때, 비슷비슷한 모양의 버스가 즐비해 자신이 타고 온 버스가 어느 것이었는지 잊어버리는 수가 있다. 마치 국내의 관광 버스가 고속 도로 주차장에서 화장실에 가기 위해 휴식을 취할 때와 똑 같은 상황이다.

우왕좌왕하지 않으려면 반드시 자신이 타는 버스의 차량 번호는 기억해 두자.

차내의 음주·흡연은 절대로 삼갈 것

장시간의 버스 여행. 느긋하고 편하게 즐기고 싶겠지만, 버스 속에서 음주나 흡연이 과연 가능할까. 한 십여 년 전까지 미국의 버스에서는 제일 끝 좌석에서 술을 먹고 곤드레만드레 취해 있는 손님을 볼 수도 있었는데, 현재는 미국을 비롯하여 모든 선진국에서 차내에서의 음주나 흡연을 금한다. 냄새가 심해 다른 승객에게 폐가 될 수 있는 오트밀류도 금지되어 있으므로 주의하기 바란다.

경치를 느긋하게 즐기든지 비디오라도 보면서 목적지까지의 긴 시간을 지루하지 않게 보낼 수 있도록 노력하라.

 세면 도구는 차 안에 가지고 들어가라

장거리 버스로 이동하면 차내에서 1박, 길면 2~3박을 하게 되는 경우도 있다. 그럴 때는 도중에, 아침 6~8시 사이의 시간대에 아침 식사와 세면을 위한 휴식을 취하는 일이 많다.

장소로는 주요 도시의 트랜싯(경유) 센터를 이용하는 수도 있지만, 대부분은 식사를 할 수 있는 레스토랑이 겸비되어 있는 주유소나 휴게소가 된다. 세면 설비는 대부분이 아주 잘 갖춰져 있으며, 곳에 따라서는 경화 투입식 샤워 시설도 갖추어져 있다. 그러므로 타월이나 세면 도구는 휴대 수하물에 넣어 언제라도 사용할 수 있도록 차내에 두는 것이 좋다.

한편 주요 도시에 있는 트랜싯 센터에는 무료 샤워 설비가 갖추어져 있는 곳도 많다.

렌터카를 이용할 때는 이런 점에 주의

자동 속도 지정 시스템이 장착된 차가 편리

장거리 드라이브를 할 때, 아주 편리한 장치인 "자동 속도 지정 시스템"이라는 것이 있다. 일단 스피드를 지정하면 액셀에서 발을 놓아도 계속 달리게 된다.

방법은 스위치를 "ON"으로 해 놓고 스피드를 설정하고 싶은 곳까지 올려 "SET" 버튼을 누르면 된다. 이렇게 해 두면 액셀을 밟든가 "ACCELE" 버튼을 누를 때까지 일정한 속도로 달리게 되며, 설정한 스피드를 해제하고 싶을 때는 "RESUME" 버튼을 누르기만 하면 된다.

미국의 인터스테이트(역주 : 주간(州間) 고속 도로, interstate highway)와 같이 기다란 길을 오로지 달리기만 하는 경우에 매우 편리하며, 장거리 드라이브로 인해 오는 피로도 현저하게 감소한다. 장거리를 주행하는 일이 많고 게다가 교통 체증이 적은 미국 등지에서는 이 시스템에 대한 보급률이 매우 높으며, 요즘은 소형차의 경우에도 많이 볼 수 있게 되었다.

렌터카를 이용할 때는 이 시스템이 장착되어 있는지의 여부를 확인하여, 같은 클래스의 차종이라면 장착되어 있는 것을 선택하는 것이 좋다.

그러나 운전하기가 편한 만큼 자칫 정신 놓고 멍해지기도 쉬우므로,

좀 졸리거나 할 때는 해제하여 보통처럼 액셀을 밟아 주행하는 것이 안전하다. 또한 자동 속도 지정 시스템을 사용할 때라도 브레이크 키는 항상 밟을 수 있는 준비를 해 둘 것.

새 차를 고르는 것은 금물
렌터카는 편리하지만, 빌릴 때 약간의 주의가 필요하다.

우선 모처럼의 여행이니 만큼 새 차를 고르고 싶어지겠지만, 새 차는 피하는 것이 좋다. 또한 번호판에 렌터카 대리점의 이름이 들어가 있는 것도 피하는 것이 좋다. 빌리는 차는 오래 되고, 낡고, 작은 것으로 고르는 것이 철칙이다.

이런 점들에 주의하여 빌리면 그 지역 거주민이 소유한 차로 생각되기 때문에 강도 등이 덮칠 가능성이 줄어든다. 또한 대여료도 싸므로 일거양득이라고 할 수 있다.

중근동 지역에서는 렌터카의 운전을 삼가라
중근동 지역으로 나갈 때는 렌터카의 운전을 가급적이면 자제하도록 하라. 업무상 부득이 차가 필요할 때는 비싸더라도 영업용 승용차를 이용하는 것이 좋다.

왜냐하면 중근동 지역에서는 아직까지도 국제 면허증으로 차를 운전하는 것을 허가하고 있지 않은 국가가 있기 때문이다. 이러한 나라에서 운전을 하다가 혹시 사고라도 내게 되면, 비록 상대방이 잘못했더라도 외국인 쪽에서 책임을 물게 되는 일이 많다. 부득이하게 운전을 꼭 해야만 하는 경우에는 보험을 들 수 있는 만큼 들어 둘 것.

교통 법규, 국내와는 이 점이 다르다

음주자를 태우는 것 자체만으로도 위법

술을 마시고 곧바로 차를 운전하는 장면을 미국 영화에서 심심치 않게 볼 수 있는데, 대부분의 나라에서 음주 운전은 법에 저촉되는 행위이다. 나라에 따라 처벌 규정은 다르지만 국내보다 훨씬 엄격한 규제도 있으므로, 절대로 위반해서는 안 된다.

예를 들어 미국 캘리포니아주의 경우, 비록 운전자는 안 마셨다 하더라도 함께 타고 있는 사람이 차 안에서 맥주를 마시고 있다면 위법이며, 마시다 남은 알코올 음료 용기가 차 안에 놓여 있는 것만으로도 단속의 대상이 될 수 있다.

더욱이 21세 미만인 경우에는 뚜껑이 밀폐된 것이더라도 알코올류를 차 안에 가지고 타는 것 자체가 위법이다.

이와 같이 미국에서는 차와 알코올에 대한 규제가 상당히 까다롭다. 몰랐다는 말로는 해명이 되지 않으므로, "마셨으면 타지 말고, 타려면 마시지 말라"를 철저히 이행하지 않으면 안 된다.

*히치하이크는 영화 속에서나

영화나 소설에 자주 등장하는 히치하이크. 픽션 속에서는 태우는 사람과 타는 사람이 멋진 대화를 주고받기도 하지만, 실제로는 범죄로

이어지는 사례도 적지 않다. 따라서 히치하이커를 자기 차에 태우는 일은 위험을 수반한다고 해도 좋을 것이다. 친절한 마음에서 우러난 행동이 불행한 결과를 초래한다면 너무 억울하지 않은가.

또한 하와이 같은 곳에서는 히치하이커뿐만 아니라 운전자에게도 벌금을 물리고 있다. 비록 선량한 사람을 만났다 해도 손해를 보는 것은 자기뿐인 것이다. 물론 히치하이크를 시도하려는 생각도 금물이다.

국내 이상으로 매너 준수에 신경 쓸 것

서양 국가들과 우리 나라 교통 규칙의 결정적인 차이점은, 자주성을 중시하고 있느냐 그렇지 못하느냐 하는 데 있다 해도 좋을 것이다.

수많은 표지와 신호에 둘러싸여 이렇게 해라 저렇게 해라 까다롭게 지시를 받는 우리 나라에 비해, 규칙은 비교적 단순한 반면 각자의 판단에 따라 운전하도록 되어 있는 나라가 대부분이다.

예를 들면, 미국에서는 신호가 빨강이라 해도 "안전하다면" 우회전을 할 수 있다. 단, 신호등에 "NO TURN ON RED"라는 표시가 있을 때는 불가. 이런 점은 미국이 안전을 운전자의 자주성에 맡기고 있는 좋은 예다.

그리고 자주성이 존중되고 있기에 매너도 중시된다. 주위 사람의 입장을 고려하여 운전하지 않는다면 "차와 더불어 사는 사회"는 성립될 수 없기 때문이다.

외국에서 운전할 때는 다음과 같은 일을 삼가도록 주의하라. 강압적인 끼여들기, 보행자를 혼비백산케 하는 운전, 담배 꽁초나 빈 캔 등을 함부로 버리는 행위 등. 이런 행동들은 국내라고 해서 용납될 수 있는 문제는 아니지만, 외국에서는 더욱 삼가해야 할 행동이다.

자주성이 중시되는 국가에서는 어른스런 운전을 해야 하는 법이다.

 이탈리아에서는 신호를 지키지 말라!?

이탈리아인의 운전 매너는 결코 칭찬할 만한 것은 못 된다. 이 나라에 가서 차를 운전하고자 한다면 나름대로의 자신감 없이는 어지간히 고생하게 될 것이다.

특히 남쪽으로 갈수록 심해지는 경향이 있어, 나폴리에서는 "신호를 지키면 사고를 일으킨다"는 말이 있을 정도. 자기 앞이 푸른 신호라 해도 안심해서는 안 되며, 늘 조심해야 한다.

비교적 운전 매너가 괜찮다고 하는 북부로 가더라도 상황은 그리 다르지 않다. 밤이 되면 신호 무시, 일방 통행의 역주행 등은 당연한 일이기 때문에, 역시 신호가 아니라 다른 차를 보면서 운전하는 편이 안전하다 할 것이다.

또한 차뿐만 아니라 보행자의 매너도 좋다고는 할 수 없다. 빨강 신호인데도 무시하고 건너는 사람들이 많으므로, 특히 야간에는 주변을 잘 살펴야 한다.

이탈리아뿐만 아니라 아시아 나라들에 가도 신호 무시는 많으므로 요주의.

프랑스의 교통 예절은 최악

프랑스 운전자들의 운전 매너도 결코 좋다고는 볼 수 없다. 개인주의가 철저한 나라이기 때문인지 자기 중심적인 운전이 많이 눈에 띈다.

교통 체증이 심할 때도 신호가 있는 교차로에서 자기 쪽 신호가 파란색이면 마구 밀고 들어오기 때문에 체증은 점점 더 악화된다. 주차 매너도 최악이어서 다른 차의 출입구를 막아 버리거나 2대분의 공간을 점령해 버리는 차도 적지 않다. 지정된 주차 공간에 제대로 주차한 차가 오히려 보기 드물 정도이다. 극단적인 이야기이지만, 차를 뺄 때 다른 차가 방해가 되면 부딪치거나 말거나 개의치 않는 사례도 있을 정도이다. 그런 식이기 때문에 교통 규제를 지키려는 외국인으로서는 도저히 감당할 수 없는 면도 있다.

그러나 한편으로는 차선 변경을 하려고 깜박이를 켜면 대부분의 차가 끼워 주는 등, 의외로 양보 정신도 있는 모양이다.

사고가 났을 때는 이렇게 대처하라

🗿 추돌 사고가 났어도 문을 열지 말라

자동차로 드라이브를 하던 중에 강도가 덮쳤다는 피해 사례가 상당히 많이 보고되고 있다.

문을 제대로 꼭 닫으면 완전히 밀폐되어 바깥에서 열 수 없을 뿐만 아니라 차를 내달아 도망칠 수도 있을 텐데, 피해자들은 한결같이 자진하여 정차를 하고 창문을 열어 칼이나 권총의 위협에 직면하게 되는 것이다.

왜 그럴까. 그것은 모두 그들이 뒤에서 받히기 때문이다. 의식 불명이 되거나 목이 크게 꺾이거나 하는 심한 사고는 아니다. 그야말로 신호 대기 중에 살짝 부딪쳐 와, 차체에 홈집이 날까말까 할 정도의 사고이다.

대부분이 놀라서 차의 홈집을 확인하려 들거나 사고 처리를 어떻게 할 것인지 협상하려는 평소의 발상대로 무심코 정차하여 문이나 창문을 열게 되고 만다.

강도들은 바로 이 순간을 노리는 것이다. 진짜 사고인 경우도 있겠지만, 추돌을 당했을 때는 사람의 왕래가 많은 큰길로 나가거나 곧바로 경찰서에 통보할 수 있도록 전화 앞까지 가는 것이 최선의 방법이다.

추돌 사고가 났어도 언쟁하지 말라

해외 여행을 나갈 때, 국제 면허를 취득해 두면 행동 반경이 넓어진다. 또한 세부적인 여행 일정도 세울 수 있어 편리하다. 국내에서 보통 면허를 딴 사람이면 국제 면허는 간단히 취득할 수 있다. 수속도 까다롭지 않고 시간도 별로 들지 않으므로, 반드시 도전해 보도록 하라.

그렇지만 사고가 나게 되면 문제가 꽤나 복잡해진다. 비록 추돌을 당해 전적으로 상대방이 잘못한 경우라 하더라도 더듬거리는 말로 아무리 자신의 정당성을 주장해 본들 결말은 나지 않고, 외국인이 불리해지는 것은 뻔한 이치이다.

그럴 때는 그 자리에서 상대방과 왈가왈부할 것이 아니라 경찰을 현장에 부르는 것이 선결 과제이다. 사고가 났을 때 보고해야 하는 의무는 국내이든 외국이든 마찬가지이며, 그 보고서를 근거로 하여 보험 회사가 확실한 결말을 지어 줄 때까지 기다리는 것도 국내와 똑같다.

교통 위반으로 붙들렸다면 그 자리에서는 고분고분히

국내에서조차 경찰이 부르면 특별히 나쁜 짓을 하지 않았어도 흠칫하게 되는 법인데, 만일 해외에서 그런 일이 있다면 훨씬 더 동요하게 될 것이다.

게다가 외국의 경우, 나라에 따라서는 경찰의 태도가 거만하거나 실로 강압적으로 느껴지는 경우도 있다. 말도 잘 알아듣지 못하기 때문에 불안이 점점 더 증폭될 뿐 아니라, 때로는 자신이 왜 붙들렸는지 납득이 가지 않는 경우조차 있을 수 있다.

그러나 상대방의 태도가 아무리 무례해도 붙들렸을 때는 반항하면 안 된다. 예를 들어 속도 위반으로 붙들린 경우, 자신에게 잘못이 없다고 생각돼도 일단은 얌전히 따라야 한다. 반항하면 유치장에 갇힐 수도 있고, 사태가 점점 더 악화될 수 있기 때문이다. 해명을 하고 싶은 것이 있다면 그 자리에서는 고분고분하게 굴고, 혹시라도 구속되게 되면 나중에 재판소에서 항의하도록 할 것.

아무쪼록 섣불리 반항하지 말고, 주장을 하려면 장소를 가려서 해야 한다.

사고에 말려들었더라도 절대 사과하지 말 것

말이 잘 통하지 않는 외국에서 만일 교통 사고를 일으키게 됐을 때는 무엇보다도 침착성을 잃지 말아야 한다. 그리고 부상자가 생겼을 경우에는 구조를 최우선적으로 생각하도록 하라.

경찰이 현장 검증을 마친 후에 사고 증명서가 작성되게 되는데, 이 때 말을 잘 못 알아듣는다고 애매한 대답을 해서는 안 되며, 느려도 좋으니까 확실하게 대응하지 않으면 곤란하다.

사고가 난 상대방과 교섭하는 일은 보험 회사가 대행해 주겠지만, 자신이 불리해지지 않도록 다음과 같은 점을 명심하도록 하자.

미안한 생각이 들더라도 "I'm sorry"와 같은 말로 사과해서는 안 된다. 자기의 과실을 인정하는 결과가 돼, 책임을 져야 하기 때문이다.

상대방이 "사고 증명" 서류 등을 들고 나와 사인을 하라고 요구하는 경우가 있는데, 섣불리 사인해서는 안 된다. 내용을 인정하는 꼴이 돼, 상황이 불리하게 전개될 수도 있다.

그리고 당사자 간의 합의는 피해야 한다. 비록 가벼운 사고라도 당사자 간에 합의하면 보험 적용을 받지 못하게 되므로, 반드시 경찰과 보험 회사를 통해 해결하도록 하자.

트러블을 모면하려면

🔸 차 안의 귀중품은 밖에서 보이지 않도록

해외에 가면 사소한 방심이 터무니없는 피해를 초래할 수도 있음을 기억해 두어야 한다.

예를 들어 자동차 하나만 하더라도 그렇다. 차 안이라고 마음놓고 귀중품을 두고 내려서는 안 된다. 짐 등의 물건이 밖에서 보이는 것도 위험하다. 짐은 뒤 트렁크에 넣어 밖에서 보이지 않도록 하고, 반대로 재떨이나 물품함 등은 열어 두어 안에 귀중품이 없음을 증명하도록 하자.

하지만 차까지 송두리째 도둑맞는 일도 있으므로, 귀중품이나 짐이 들어 있지 않다고 해서 안심할 수는 없다. 핸들을 고정시키는 열쇠 도구 등을 사용하여 도난을 방지할 수 있도록 대책을 강구하자.

🔸 야간 드라이브는 절대 피할 것

낯선 외국에서 드라이브를 할 때는 하루의 주행 거리에 여유를 두어 스케줄을 짜는 것이 중요하다. 가능한 한 아침 일찍 출발하고, 해가 질 때까지만 운전하는 것이 좋다.

특히 대도시 이외의 도로, 광대한 미국이나 호주의 시골길을 야간에 달려서는 안 된다. 도로 사정이나 교통 표지를 잘 몰라 길을 잃기 쉬울

뿐 아니라 지나가는 다른 차도 좀처럼 눈에 띄지 않기 때문에, 고장이라도 나 오도가도 못하는 상황이 되면 생명까지도 위험해질 수 있다.

피로가 쌓이는 장거리를 주행하는 경우, 목적지에 도착하지 못하더라도 밤이 되었을 때는 운전을 중단하고 휴식을 취하는 것이 좋다.

번화한 도심에는 차를 가지고 들어가지 말라

역사적인 거리가 많은 유럽에서는 대도시일수록 거리의 구조가 복잡하게 얽혀 있다. 차라는 것이 생기기 이전부터 존재해 온 거리가 많기 때문에, 차가 달릴 수 있을 만큼 넓거나 길이 잘 정비되어 있지 못하다. 그런 상황에서 무리하게 교통 규제를 가하여 차를 주행시키고 있는 셈이니, 그 도시가 처음인 사람으로서는 이해하는 데 대단히 애를 먹게 된다.

실제로 대도시에서는 외국인 여행자의 사고가 많다는 데이터가 있는데, 이러한 점을 원인으로 들 수 있을 것이다.

그러므로 유럽에서는, 잘 모르는 대도시에서의 운전은 피하는 것이 좋다. 차를 굳이 운전하려거든 지방이나 교외를 이동할 때만 하도록 하자.

대도시와 지방 양쪽을 모두 둘러보고 싶다면 대도시에서는 택시나 버스, 전철 등의 대중 교통 수단을 이용하고, 대중 교통 수단이 발달하지 않은 지방에서는 렌터카를 빌려 이동하는 것이 좋다.

이렇게 하면 이동 거리가 긴 여행도 순조롭게 진행시킬 수 있을 것이다.

보험 적용이 안 되는 도로가 있다

차를 운전하다 보면 크고 작은 트러블이 늘 따라다니게 마련이다. 해외에서는 렌터카를 이용하는 경우에도 보험에 가입해 두는 것이 좋은데, 보험이 어떤 경우에나 모두 적용되는 것은 아니므로 주의해야 한다.

휴양지 등에는 비포장이나 정비되어 있지 않은 길이 많은데, 이러한 도로를 주행하는 경우에는 보험을 이용할 수 없는 경우가 꽤 많다. 보험 적용의 여부는 가입할 때 확인할 수 있지만, 그보다는 그러한 길에 접근하는 것은 가급적 피하는 것이 좋다.

또한 그러한 길은 민가도 적고 다른 차도 좀처럼 지나다니지 않기 때문에, 차가 움직이지 못하게 되거나 고장으로 멈춰 섰을 때는 달리 손쓸 방도가 없다.

해외 관광지 중에는 조금만 외곽으로 나가도 사람 하나 얼씬하지 않는 곳이 많으므로 조심해야 한다.

대도시 이외의 장소에서 운전할 때는, 정비되어 있지 않은 도로에 함부로 들어가지 말도록 하자.

휴일 운전은 교통 체증을 각오하라

우리 나라의 연말 연시나 추석 같은 명절의 교통 대란은 세계적으로 손을 꼽을 정도이다. 그러나 유럽 각지의 고속 도로도 휴일이나 휴가철에는 상당히 긴 교통 체증이 발생한다.

대표적으로 여름 휴가(바캉스), 크리스마스와 신년 휴가, 봄에 있는 부활절 휴가 때 가장 혼잡한데, 이들 기간의 처음과 마지막에는 당연히 고속 도로가 막힐 것으로 생각해 두는 것이 좋다.

또한 런던이나 파리 등지의 대도시 주변에서는 휴가가 아니더라도 주말이 되면 교통 혼잡이 일어난다. 금요일 오후에는 교외로 나가는 차선에서, 반대로 일요일 오후에는 도시로 되돌아오는 차선에서 국내 못지 않은 교통 혼잡으로 고생할 수 있다.

여행지에서의 귀중한 시간을 익숙지 않은 고속 도로의 교통 체증에 시달리면서 허비한다면 너무 아깝지 않은가. 현지의 휴가철에 운전을 하는 것은 피하라.

4장
식사할 때 이런 행동은 금물

자리가 비어 있어도 맘대로 앉는 것은 금물 / 신사의 올바른 착석 방법 / 화장을 고치는 것은 세면실에서 / 뷔페에서 먹다 남기는 것은 금물 / 고급 레스토랑에는 어린아이와 동행하지 말라 / 복장은 상식적인 범위 내에서 / 단식이 있는 나라에서는 "라마단"에 주의할 것 / "Take out"은 통하지 않는다 / 추가 주문은 처음에 주문했던 웨이터에게 할 것 / 휴양지의 "뷔셋"에는 주의를 / 국내서 하던 방식대로 주문하면 후회하게 된다 / 한국 음식 전문점이더라도 팁 주는 것을 잊지 말 것 / 중화 요리를 먹을 때도 소리를 내는 것은 금물 / 포크의 등에 밥을 얹는 것은 금물 / 수프뿐 아니라 음식을 먹을 때는 소리를 내지 말라 / 남의 접시에 있는 음식을 먹지 말 것 / 테이블 위에 놓인 조미료를 이용할 때는 / 주변 사람의 페이스에 맞추어 먹도록 하라 / 냅킨 사용 시 무심코 범하기 쉬운 추태 / 식사 도중 담배를 피우는 것은 금물 / 흥청망청 취하는 것은 매너 위반 / 건배할 때 잔은 부딪치지 말 것 / 여성이 술을 따라서는 안 된다 / 여성 혼자서 술집에 가는 것은 금물 / 포장마차 요리를 먹을 때는 충분히 생각할 것 / 과일을 통째로 먹는 것은 위험 / 샐러드나 아이스크림은 먹지 말 것

레스토랑에서 이런 행동은 부끄러운 매너

자리가 비어 있어도 맘대로 앉는 것은 금물

점포 내에서 종업원들 간의 분업이 확실하게 정착되어 있는 서양의 레스토랑에서는 각 종업원이 자신의 분야를 맡아 전담하여 접객을 한다. 그리고 손님을 자리에 앉히는 데도 질서가 있기 때문에, 손님도 그에 따르지 않으면 안 된다.

셀프서비스 식당이 아닌 이상, 자리가 비어 있다고 해서 맘대로 자리에 앉는다면 매너가 아닌 것이다. 특히 입구에 "Please wait to be seated"라고 씌어져 있는 경우에는 웨이터가 안내해 줄 때까지 대기해야 한다.

자유롭게 앉아도 되는 식당도 있는데, 그런 곳은 입구에 "Please be seated"라고 씌어져 있어서 금방 알 수 있다.

신사의 올바른 착석 방법

식사 시의 착석 방법에도 나라에 따라서는 지켜야 할 매너가 있으므로 주의하기 바란다.

영국 하면 "레이디 퍼스트"의 나라로 유명하다. 레스토랑 등지에서 식사를 할 때는 웨이터가 의자를 빼 주게 되는데, 남성과 여성이 함께 온 경우에는 반드시 여성부터 앉도록 되어 있다. 여성이 착석하기 전

에 남성이 먼저 앉는다면 이는 비신사적인 행동으로 간주된다.

이러한 영국의 식사 관습은 보기에 매우 우아한 것이니, 국내에서도 꼭 한 번 시도해 보고 싶다는 생각이 든다.

한편 빼 준 의자에 앉을 때는 왼쪽에서부터 앉는 것이 일반적이다.

화장을 고치는 것은 세면실에서

식사가 끝난 후 반드시 화장을 고치는 여성이 적지 않은 것 같은데, 해외에서는 행여라도 앉은 자리에서 화장을 고치는 행동을 보여서는 안 된다.

이는 주변 사람에게 불쾌감을 주기 때문인데, 이 같은 행동은 설령 국내라 하더라도 결코 아름다운 모습이 아니라는 것을 염두에 두자. 화장을 고치는 것은 반드시 세면실에서 하라.

또한 식사 중에는 가능한 한 자리를 뜨지 않는 것도 에티켓. 부득이하게 자리를 떠야 한다면 냅킨을 의자 위에 올려놓고 나서 이동할 것.

뷔페에서 먹다 남기는 것은 금물

"뷔페(buffet)"란 좋아하는 요리를 자기가 골라 먹는 셀프서비스의 식사 스타일을 말한다. 뷔페에도 우리 나라 사람들이 무심코 범하기 쉬운 금기가 있다. 즉 먹다 남기는 것이 그것.

서양에서는 스스로 접시에 덜은 만큼의 식사를 제대로 먹지 않고 남기는 것은 꼴불견이라고 생각한다. 그러므로 음식을 남기지 않도록 자신의 배와 상의하여 어느 정도 먹을 수 있을지 생각하고 나서 접시에 덜도록.

고급 레스토랑에는 어린아이와 동행하지 말라

해외 여행을 나갔을 때는 고급 레스토랑에서 갖는 디너도 즐거움 중의 하나이다. 그러나 어린아이와 함께 여행하는 경우, 이것은 단념해야 할 것이다.

해외에서는 어린아이와 어른의 생활이 분명히 구별되어 있다. 특히 밤에는 보다 더 뚜렷하여 어른이 레스토랑에 외출하는 경우, 어린아이는 애 봐 주는 사람이나 아는 사람에게 맡기고 가는 것이 기본이다.

레스토랑이 어린아이의 입장을 금하고 있는 것은 아니지만, 어린아이와 동행하면 별로 환영받지 못한다. 그러나 부득이 아이가 함께 가는 경우라도 미리 확실하게 교육을 시켜 두기 때문에 국내의 아이들처럼 소란을 피우거나 하는 일은 없다.

그러므로 그러한 장소에 레스토랑에서의 매너를 교육받지 못한 국내의 어린아이를 데려가면 빈축을 사게 될 것이 뻔하다. 어린아이가 질려 버려 울거나 소란을 피우기라도 하면 사태는 최악으로 치닫게 된다. 또한 아이를 달래거나 주의를 주어 가면서 해야 하는 식사가 즐거울 리도 없다.

혹시라도 아이와 함께 가게 됐을 때는 조금이라도 떠들거나 소란을 피우면 주의를 주어라. "어린애니까 괜찮아" 하는 무책임한 생각으로 방치하는 일이 있어서는 안 된다.

교육을 제대로 안 시켰다면 고급 레스토랑의 디너는 단념하도록.

복장은 상식적인 범위 내에서

한때 크게 유행한 mule(뒤축 없는 슬리퍼)은 정장을 한 경우에도 신을 수 있어, 패션 구두류로 인기를 끌었다.

그러나 샌들은 어디까지나 샌들일 뿐, 정식 구두는 아니다. 국내에서는 그렇게 신어도 용납될지 모르지만, 해외에서는 통용되지 않는다. 실제로 뉴욕에 있는 고급 레스토랑에서 출입을 거부당했다는 사람도 있다.

비록 국내에서는 멋으로 인정된다 하더라도 다른 나라에 갈 때는 매너에 어긋나는 일이 될 수도 있으니, 복장은 어디까지나 현지의 상식에 벗어나지 않는 범위 내에서 착용해야 한다.

단식이 있는 나라에서는 "라마단"에 주의할 것

종교에 관한 금기는 다양하지만, 아랍 국가, 또는 인도네시아 등 이슬람 국가를 여행할 때는 "라마단"이라 불리는 단식이 낀 달이 언제인지 제대로 모르면 곤경에 처할 수 있다.

레스토랑의 경우에도 이슬람교 신자가 경영하는 곳은, 라마단이 한창일 때는 야간 영업밖에 하지 않기 때문이다. 음식이라는 기초적인 면에 관한 것이니 만큼 특히 주의가 필요하다.
　또한 이슬람 교도들은 술을 입에 대지 않는다는 사실도 잊어서는 안 된다. 이교도인 외국인으로서는 곳에 따라 음주를 할 수도 있겠지만, 흥청망청 취하지 않는 선에서 끝내도록 하자.

주문할 때는 이 점에 주의

"Take out"은 통하지 않는다

맥도날드와 같은 패스트푸드 전문점은 해외의 식사가 입에 맞지 않는 사람들에게 구세주와 같은 존재이다. 가격은 확실하고, 메뉴의 내용도 알아보기 쉽다. 폼나게 먹으려고 노력할 필요도 없고, 말이 안 통해도 안심하고 식사할 수가 있다.

단, 사 가지고 갈 때, 국내에서 통하는 "take out"이라는 말을 사용해서는 안 된다. 점원이 "For here or to go?"라고 물으면 매장에서 먹고 갈 경우에는 "For here", 가지고 갈 경우에는 "To go"라고 대답해야 한다.

추가 주문은 처음에 주문했던 웨이터에게 할 것

이름이 잘 알려진 레스토랑에서 풀코스를 먹는 것은 패키지 투어에서 주는 대로 먹기만 하는 디너와는 또다른, 여행의 즐거움 중 하나.

물론 풀코스가 아니더라도 해변가의 레스토랑에서 해산물을 실컷 먹는다든지 산 속의 산장식 레스토랑에서 앨러카트(역주 : 메뉴에서 좋아하는 음식을 자유롭게 골라먹는 정식, a la carte)를 먹는 등, 그 지역이 아니면 맛볼 수 없는 음식을 즐길 수도 있다.

그러한 곳에서 테이블을 안내받을 경우, 대개는 그 테이블 담당 웨이터가 정해져 있어 주문을 받게 된다.

그러므로 식사 도중 추가 주문을 하고 싶을 때, 마침 옆에 웨이터가 지나간다고 해서 함부로 불러세워서는 안 된다. 반드시 처음의 웨이터에게 주문하도록 하자.

그들에게 있어서는 자신이 담당한 테이블에 앉은 손님으로부터 받는 팁도 중요한 수입의 일부이다. 그런 만큼 자부심을 가지고 서비스에 임하기 때문에 다른 웨이터에게 주문하는 것은 그들의 자존심에 상처를 내는 일이 될 수도 있다.

휴양지의 "버섯"에는 주의를

발리 섬과 같은 휴양지의 레스토랑에서 "독버섯이 들어 있는 오믈렛"과 같은 메뉴를 보게 되는 일이 있는데, 이것은 절대로 주문해서는 안 된다. 독버섯이라는 것은 버섯의 일종이지만, 마약과 같은 효과를 지니고 있다.

때때로 "버섯"이라며 현혹하려는 사람이 있는데, 이러한 사람들은 대개 독버섯을 팔 속셈을 가고 있는 자들이므로 상대하지 말고 단호히 거절해야 한다.

모처럼 여행 온 기념으로 한 번 먹어 볼까 하는 생각 따위는 아예 꿈도 꾸지 말라.

국내서 하던 방식대로 주문하면 후회하게 된다

해외에 나가 음식물을 주문할 때, 국내에서 하던 대로 주문했다가는 낭패를 볼 수 있다. 왜냐하면 너무나 양이 많아 돈과 음식을 모두 허비하게 되는 일이 많기 때문이다.

특히 미국에서는 국내에서 먹던 대로 "콜라 L"을 주문하면 양동이 같은 용기에 철철 넘치도록 나오는 것이 보통이므로, 처음 보는 사람은 기절초풍할 듯이 놀랄 것이다.

양을 확인하고 싶으면 점원에게 물어보는 것이 가장 좋겠지만, 다른 손님들이 어떤 것을 주문하는지 지켜보는 것도 괜찮다.

예를 들어 소프트 크림 등은 S사이즈보다 한 단계 아래에 "children's size"라는 것이 있는데, 그것으로 족한 사람도 많을 것이다. 손해를 보거나 배탈나지 않기 위해서라도 음식물을 주문할 때는 제대로 확인하고 난 후에 하도록 하자.

한국 음식 전문점이더라도 팁 주는 것을 잊지 말 것

해외에서 한국 음식 전문점에 갈 때면 어쩐지 마음이 놓이게 되는데, 국내에서 얼마든지 볼 수 있는 흔한 식당이라 해도 그 곳은 외국이다. 한국 음식 전문점이라 해도 현지의 관습에 따르지 않으면 안 된다. 웨이터가 팁 생활자라는 면에서는 한국 음식 전문점도 틀리지 않다. 당연히 팁도 다른 식당과 마찬가지로 요금의 15%를 지불하는 것이 상식.

단, 우리 나라 관광객이 많은 곳에서는 우리 나라 사람들의 이용을 예측하여 처음부터 서비스료를 포함시키는 식당도 꽤 많이 있다. 계산서를 확인하여 "INCLUDED SERVICE CHARGE"라고 기입되어 있으면 팁은 생략해도 상관없다.

망신당하지 않고 식사를 하기 위해서는

중화 요리를 먹을 때도 소리를 내는 것은 금물

똑같이 젓가락을 사용하면서도, 중국이나 홍콩, 일본과 우리 나라의 식사 예절은 상당히 다르다. 무심코 몸에 익은 습관을 드러내어 실례가 되는 일이 없도록 할 것.

일례로, 우리 나라 사람들은 면류로 된 중화 요리를 먹을 때도 국수를 먹을 때처럼 후룩거리는 소리를 내야 제대로 먹는 것으로 생각하는 경향이 있는데, 소리를 내면서 먹는 것은 매너에 어긋나는 것이다.

그리고 특히 홍콩에서 주의할 것은, 여러 사람과 함께 식사할 때 젓가락을 사용하는 방법이다. 홍콩 사람들은 테이블 위에서 다른 사람과 젓가락이 오가는 것을 불길한 것으로 생각한다고 한다.

포크의 등에 밥을 얹는 것은 금물

간혹 가다 포크의 등 쪽에 음식을 얹어 먹는 사람이 있다. 편리한 포크를 왜 그렇게 굳이 어렵게 사용하려 하는지는 모르겠지만, 해외에서는 아무도 이런 식으로 사용하지 않는다.

포크의 날이 약간 구부러져 있는 것은 거기에 음식을 얹어도 흘러내리지 않도록 하기 위한 것으로, 밑반찬으로 나오는 콩이나 매시 포테이토(으깬 감자)와 같은 것은 스푼처럼 떠서 먹어도 전혀 상관 없다.

편하게 오른손의 나이프로 가져다가 왼손의 포크에 얹어서 먹으면 되는 것이다.

어떻게든 포크 등 쪽에 음식을 얹어 보려고 진을 빼다 가까스로 얹기는 했지만 입으로 가져가는 도중 툭툭 흘리기라도 하면, 더욱이 흘리기 전에 먹어야지 하는 생각으로 당황하여 입을 쭉 내밀거나 하게 된다면 그 편이 훨씬 더 꼴사나운 모습이 아닐까.

수프뿐 아니라 음식을 먹을 때는 소리를 내지 말라

식사 시의 매너 중 무심코 잊기 쉬운 것이 소리를 내서는 안 된다는 것이다. 쩝쩝거리며 음식을 먹는 행위를 서양인은 상당히 불쾌하게 느끼므로 주의해야 한다.

특히 많은 우리 나라 사람들이 국이나 국수를 후룩거리며 먹던 대로 수프를 먹을 때도 소리를 내는 일이 많다.

소리를 내지 않고 수프를 먹으려면 후루룩거리지 말고 스푼으로 입속에 떠다 넣어야 한다. 마신다기보다 먹는다는 느낌으로 먹으면 되는 것이다.

식사를 할 때는 그 나라의 예절에 따라야 하는 법이다.

남의 접시에 있는 음식을 먹지 말 것

하나의 접시를 여러 명이 함께 먹는 것에 익숙한 우리 나라 사람들은, 한 사람 앞에 하나씩 나오는 서양식 스타일로 식사를 할 때도 남이 먹는 것이 맛있어 보이면 바꿔서 먹거나 하는 일이 자주 있다.

그러나 개인주의가 발달한 서양인에게 이러한 행위는 경멸의 대상이 된다. 주변 사람에게 보기 흉한 인상을 주게 되므로 자제해야 할 행동이다.

남이 먹고 있는 것이 먹고 싶다면 한 접시 더 주문하면 된다. 올바른 매너를 실천하려면 때로는 불필요하게 돈을 더 쓰게 되더라도 감수하는 수밖에 없다.

테이블 위에 놓인 조미료를 이용할 때는

여러 명이 함께 식사를 할 때, 각자가 주문한 요리 접시는 각자의 앞에 놓인다. 그러나 테이블에서 사용하는 조미료, 즉 소금이나 후추와 같은 것은 기껏해야 한 세트나 두 세트가 보통이다. 결혼 피로연의 테이블 세팅을 떠올려 보면 금방 알 수 있을 것이다.

고기나 생선의 소스는 미리 접시에 끼얹어져 나오고, 샐러드 드레싱도 끼얹어져 있든지 웨이터가 서비스해 준다. 스스로 맛을 조절하는 조미료는 원래가 주방장에 대한 모독이므로 삼가야 하는 것이 제대로 된 레스토랑에서 식사할 때의 매너이다.

그러나 후추를 약간 첨가하는 정도라면 괜찮다. 이때 놓여져 있는 조미료 세트가 멀리 있다고 해서 몸을 내밀거나 손을 뻗쳐 용기를 직접 집어서는 안 된다. 반드시 근처에 있는 사람에게, "후추 좀 집어 주시겠어요" 하고 부탁하여 건네 받도록 하자.

로스트 비프 소스처럼 배 모양으로 된 그릇에 소스가 들어 있고 스푼이 딸려져 나오는 음식이 제공될 때도 마찬가지이다.

주변 사람의 페이스에 맞추어 먹도록 하라

성급한 국민으로 알려져 있는 한국인이니 만큼, 식사의 페이스에서도 역시 예외는 아니다. 그 때문에 해외에 나가 식사를 하면 현지인이 식사 시간에 엄청난 시간을 들이는 데 대해 놀라게 된다.

레스토랑에서 요리가 나오는 시간도 우리 나라보다 훨씬 느리기 때문에, 자신들이 얼마나 조급한지 새삼 실감하게 되는 일도 많다.

매너는 현지에 맞추는 것이 원칙이므로 그 자리의 페이스에 맞춰 식사를 하는 것이 먹는 기분도 나고 좋지만, 스케줄 등의 형편으로 부득이 그렇게 하지 못할 때도 있을 것이다.

그럴 때는 미리 주문할 때 사정을 말해 두는 것이 좋다. 또한 고급 레스토랑이라면 그러한 시간적 느긋함도 접대의 일종이기 때문에, 시간이 없을 때는 피하는 것이 현명하다.

냅킨 사용 시 무심코 범하기 쉬운 추태

국내에서는 냅킨을 사용하는 일이 드물어 냅킨의 사용에 그다지 익숙지 않은데, 이를 사용하는 데도 주의해야 할 일이 있다.

자리에 앉았으면 우선 둘로 접어 무릎 위에 올려놓고 필요할 때마다 손에 들고 사용하는 것이 매너이다.

여기서 잊어서는 안 될 것이 냅킨은 입가와 손을 닦기 위한 물건이라는 점. 물수건처럼 얼굴의 땀을 닦거나 하는 데 사용해서는 안 된다. 그럴 때는 자신의 손수건을 사용하면 된다.

또한 립스틱을 바른 여성은 유리컵이나 찻잔에 입을 대기 전에 립스틱의 유분을 훔쳐내는 것을 잊지 말 것.

식사 도중 담배를 피우는 것은 금물

국내라면 허물없는 사람끼리 식사하는 자리에서 담배를 피워도 뭐랄 사람은 없지만, 원래 식사 도중에 담배를 피우는 것은 매너에 벗어나는 일이다. 요리의 맛이 떨어진다 해서 싫어하는 사람이 해외에는 많다.

그래도 피우고 싶은 사람은 디저트, 커피가 나올 때까지 기다리자. 동석하는 사람이 있을 때는 사전에 양해를 구해야 함은 두말하면 잔소리이다. 매너에 벗어나면 인격조차도 의심받을 수 있으므로, 신중하게 행동하도록 하자.

최근에는 어느 나라를 가더라도 금연이나 혐연에 대한 의식이 널리 확산돼 있다. "NO SMOKING"이라고 표시된 자리에서 담배를 피운다는 것은 상상할 수도 없으며, 특별한 표시가 없더라도 자택 이외의 지붕이 있는 장소는 모두 금연이라고 생각해 두는 것이 편할 것이다. 벌금이 있는 나라도 있으므로, 나가기 전에 잘 알아보는 것이 좋다.

술을 제대로 즐기려면

흥청망청 취하는 것은 매너 위반

같이 여행을 하다 보면 동료들끼리 해외에서 술을 마실 기회도 있을 텐데, 벚꽃놀이나 망년회처럼 요란한 술자리를 만든다면 심한 비난을 면하기 어려울 것이다.

"이왕 술을 마실 바에야 먼저 취하는 자가 승리"라는 생각, "술 마신 김에 벌어진 일인데 뭘 어때" 하는 식의 국내적 사고는 서양에서 통하지 않는다.

프랑스 요리의 풀코스에 레드나 화이트 와인이 메뉴에 함께 제공되듯이, 알코올은 어디까지나 요리의 맛을 살리고 즐기면서 마시기 위한 것이다.

여행지에서 팝에 들어가거나 비어 레스토랑에서 식사를 할 때도 무엇보다 술에 취하지 않도록 주의하라.

혹시 취해 버렸다면 그 언동으로 인해 알코올 중독자라는 의심을 받아도 어쩔 수 없는 일이라는 것을 각오하자.

이탈리아의 레스토랑에서는 현지인들의 명랑함과 떠들썩함 탓에 "취해서 저러는 것인가" 하고 생각될지도 모른다. 하지만 그 나라 사람들의 쾌활함은 근본적인 민족성에 뿌리를 두고 있는 것이어서 맨정신일 때도 취한 것처럼 보이는 것이다.

건배할 때 잔은 부딪치지 말 것

우리 나라에서는 잔을 서로 부딪치는 "건배"로 식사가 시작되지만, 서양의 건배는 좀 사정이 다르다.

서양의 올바른 매너에 준하는 건배란 잔을 서로 모아 부딪치지 않는 것. 서로 바라보면서 잔을 좀 쳐드는 것이 정식이다.

부담없는 자리에서는 가볍게 잔을 맞추는 일도 있지만, 우리 나라에서처럼 세게 소리를 내어 서로 부딪치는 일은 없다. 그러므로 서양으로 여행 가서 건배를 하게 되었을 때는 잔을 맞추지 않는 정도로 하는 것이 좋다.

또한 서양의 건배는 식사가 시작되는 단계에서가 아니라, 디너가 진행돼 디저트가 나오기 전쯤에 샴페인으로 하는 것이 정식이다.

여성이 술을 따라서는 안 된다

권커니 잣커니 술을 마시는 모습은 국내에서 흔하게 볼 수 있는 일이다. 또한 여성이 남성에게 술을 따른다 해서 결코 이상한 일은 아니다. 그러나 해외에서는, 특히 일류 레스토랑에서는 이것이 매너에 어긋나는 일이다.

일류로 평가받는 레스토랑이라면 대개 "소믈리에"라는 와인 담당 직원이 있으며, 와인을 따르는 것은 이들 소믈리에의 역할이다.

또한 약간 격이 떨어지는 보통의 레스토랑에서도 가르송(보이)이나 동석한 남성이 와인을 따르는 것이 기본이고 여성이 술을 따르는 관습은 없으므로, 아무쪼록 여행을 갔을 때는 그 곳의 관습에 따르도록 하자. 한편 와인이든 물이든 따라 줄 때 잔을 손에 들고 받는 것은 매너에 벗어나므로 금물.

여성 혼자서 술집에 가는 것은 금물

해외 여행을 갔다면 그 나라의 술도 한 번쯤 마셔 보고 싶을 것이다. 그렇지만 여성이 혼자서 술집에 가는 것은 절대로 삼가야 한다. 어떠한 위험이 도사리고 있을지 알 수 없기 때문이다.

또한 서양에서는 남녀가 커플로 가는 것이 원칙으로, 둘이 가더라도 여자들끼리 가는 것은 삼가야 한다.

그래도 여자들끼리 술을 즐기고 싶다면 호텔에 있는 바를 이용하는 것이 좋다. 분위기도 좋고, 안심하고 즐길 수 있을 뿐더러 가격도 합리적이다. 또한 웨이터로부터 현지의 여러 가지 정보도 들을 수 있을 것이다.

식사 시의 트러블을 방지하려면

포장마차 요리를 먹을 때는 충분히 생각할 것

동남아시아 국가들의 실로 매력적인 것이 포장마차 요리. 그 나라만의 독특한 분위기를 피부로 느끼며 지역 거주민들 속에 섞여 먹는 맛은 각별하다. 맛도 있고, 요금도 저렴하다. 그런데도 매력을 느끼지 말라고 하는 것이 오히려 무리한 주문일 것이다.

그러나 포장마차는 비위생적인 곳이 많은 것이 현실이다. 싱가포르처럼 정부의 위생 관리가 철저한 곳은 별개이지만, 포장마차의 요리는 식중독을 일으킬 가능성이 있으므로 함부로 먹어서는 안 된다.

그래도 먹고 싶어 참을 수 없다면 우선은 위생 상태를 체크하라. 수도가 근처에 있는지, 물 관리는 제대로 되는지 하는 것이 중요한 포인트이다.

또한 인기가 있고 손님이 빈번하게 드나드는 가게라면 안심해도 좋다. 먹을 때도 식기나 꼬치 등에 직접 입을 대는 것만큼은 피하도록 하라.

과일을 통째로 먹는 것은 위험

반짝반짝 윤이 나는 붉은 껍질에 덥석 이를 갖다 대면 속에서부터 흰 과육이 드러나고, 입 속에는 촉촉한 향기가 달콤하게 퍼지고……

사과를 통째로 깨물어 먹는 것은 젊고 건강한 치아의 소유자로서는 참을 수 없는 즐거움일지 모른다.

그러나 해외에서 저잣거리를 돌아다니다 현지의 진귀한 과일을 보고 사서 그 자리에서 덥석 깨물어 먹는다면, 이는 너무 조급한 행동이다. 아무리 그 지역 사람이 똑같은 과일을 베어먹으면서 어슬렁어슬렁 쇼핑을 한다 해도 흉내를 내서는 안 된다.

왜냐하면 과일 재배에 사용하는 농약의 규제가 국내와는 크게 다르므로, 그 안전성에 대해 확신할 수 없는 경우가 있기 때문이다.

똑같은 인간이 먹는 것이니 만큼 위험하지야 않겠지만, 익숙지 않은 외국인이 먹으면 배탈이 날 수도 있다. 껍질을 벗기고 먹거나 적어도 잘 씻은 후 먹도록 하자.

샐러드나 아이스크림은 먹지 말 것

위생 면에서 적잖이 걱정되는 나라에 갔을 때는 샐러드나 아이스크림을 먹지 않는 것이 좋다. 또한 인도나 동남아시아, 아프리카 등지에서는 차가운 음료를 마시고 싶더라도 얼음을 넣어서는 안 된다.

이들 나라에서 "위장 하나는 튼튼하니까" 하고 콧방귀를 꼈다가는, 가벼운 식중독만으로 끝나지 않을 수가 있다.

샐러드는 기생충의 소굴이라고 생각해야 하며, 설령 물로 여러 번 씻었다 하더라도 물 자체에 크게 문제가 있다. 그러므로 샐러드는 포기하고 야채를 먹으려거든 불에 요리한 것을 먹도록 하자.

마찬가지로 커피나 차처럼 열을 한 번 가한 음료라 하더라도 얼음을 넣게 되면 도로아미타불이라는 것을 잊지 말도록.

5장

쇼핑할 때 이런 행동은 금물

계산대 옆 점원에게 말을 거는 것은 금물 / 여러 명의 점원에게 말을 걸지 말 것 / 가벼운 복장으로 브랜드 상품을 사러 가지 말 것 / 다른 매장의 쇼핑백을 가지고 들어가는 것은 에티켓 위반 / 상품을 만지지 말라 / 점원의 태도가 건방져도 참을 것 / 가격을 귀로만 확인해서는 안 된다 / 납득이 갈 때까지 가격 교섭을 하라 / 현금으로 지불할 때는 정가대로 사지 말라 / "cheap"을 발설하는 것은 절대 금물 / 값을 깎고 나서 사지 않는 것은 실례 / 싼 물건 하나를 사는데도 값을 깎는 것은 실례 / 싸게 사고 싶다면 이런 가게는 피하라 / 친구와 동행했을 때는 지불도 같이하라 / 숫자 정도는 말할 수 있도록 외워 둘 것 / 공항 면세점만 이용하지 말라 / 잔돈의 계산 착오가 의외로 많다 / 카드에는 잊지 말고 사인해 둘 것 / 가격표보다 비싸게 청구되는 경우가 있다 / 상품은 지불한 다음 받아들 것 / 마음에 드는 물건은 그 자리에서 사라 / 인기 상품은 문 열기 전부터 기다리는 것이 기본 / 쇼핑이 목적이라면 시기를 생각할 것 / 음악 팬이라면 의외로 싸고 진귀한 물건을 놓치지 말라 / 갖고 싶지도 않은 물건을 구입하지 말 것 / 국내 사이즈와 다르므로 반드시 입어 볼 것 / 사인은 금액을 확실하게 확인하고 나서 / 정정 전표의 사인을 그대로 두는 것은 위험 / 매장을 나올 때까지 영수증은 버리지 말 것 / 영수증은 지불이 끝날 때까지 버리지 말 것 / 계산은 점원에게만 맡기지 말 것 / 구입한 것은 현지에서 한 번쯤 포장을 푸는 것이 기본 / 가짜 브랜드는 사지 말 것 / 위법적인 물건은 절대로 구입하지 말라 / 미술품을 함부로 가지고 돌아가지 말라

점원의 기분을 거스르지 않으려면

🛍 계산대 옆 점원에게 말을 거는 것은 금물

인기 있는 매장일수록 계산대는 붐비고, 매장 앞에 긴 행렬이 생기게 마련이다.

하물며 바겐세일 시즌이라든가 단체 여행객이 일시에 우르르 밀려들 때면, 백화점의 새해 첫 세일은 저리 가라 할 정도의 인산인해를 이룬다.

이때 사지도 않으면서 "저 있잖아요……" 하고 귀찮게 계산대에 있는 점원에게 말을 걸어서는 안 된다.

거기는 살 물건을 고른 사람들이 계산을 위해 줄을 서 있는 곳이므로, 상품에 대한 질문이나 의문은 따로 플로어를 담당하고 있는 점원을 찾아 묻는 것이 매너이다.

우리 나라도 최근에는 계산대 담당과 매장에서 접객에 임하는 점원이 확실하게 구별돼 있다. 이것과 마찬가지 경우인데도 무심코 범하기 쉬운 실수이다.

🛍 여러 명의 점원에게 말을 걸지 말 것

해외의 부티크에 들어갔을 때는 매장 내에 여러 명의 점원이 있다 하더라도 이 사람 저 사람 바꿔 가며 말을 걸어서는 안 된다. 매장에 들어가 처음에 자신이 말을 걸고 그에 응답해 준 사람이 매장을 나올 때까지 자신의 담당인 것이다.

만일 그 점원이 다소 싹싹하지 못해 마음에 들지 않더라도 한 번 담당으로 결정된 이상, 그 점원을 무시하고 다른 사람에게 말을 거는 것은 에티켓이 아니다. 운 나쁘다고 생각하고 단념하든지, 아니면 그냥 나오도록 하자.

🛍 가벼운 복장으로 브랜드 상품을 사러 가지 말 것

유럽 등지에서 브랜드 숍에 갈 때는 T셔츠나 청바지 등 자유 분방한 옷차림으로 가서는 안 된다. 배낭을 짊어지고 고무창 운동화를 질질 끌며 아무렇지도 않게 매장에 들어가는 사람들이 있는데, 이런 모습은

"브랜드의 진짜 가치를 모르는 손님"이라는 인상을 주어 점원의 시선이 곱지 못할 것이다.

확실한 서비스를 받고자 한다면 나름대로 품위 있는 옷차림으로 나서도록 하라. 가능하면 그 매장의 브랜드 상품 하나 정도는 걸치고 가자.

🛍 다른 매장의 쇼핑백을 가지고 들어가는 것은 에티켓 위반

파리나 홍콩 등에 쇼핑을 즐기러 가는 사람도 적지 않다. 이 가게 저 가게 다니면서 점찍어 둔 인기 브랜드를 양손이 부족할 정도로 사 나르는 사람도 있을 텐데, 이때 브랜드 숍에 들어가면서 다른 매장의 쇼핑백을 가지고 들어가는 것은 절대 금물이다.

브랜드 숍의 점원들은 자신의 브랜드에 자부심을 가지고 일하는 사람들이다. 그런 곳에 다른 브랜드의 쇼핑백을 갖고 들어간다면 그녀들은, "이 손님은 브랜드라면 무엇이든 가리지 않는 모양이군" 하고 오인해 소중한 손님으로 생각해 주지 않을 것이다.

브랜드 숍에서는 자기네 브랜드를 아껴 주는 손님을 소중히 대하는 법이다.

🛍 상품을 만지지 말라

품질에 까다로운 우리 나라 사람들은 상품을 만져 보고 감촉을 확인하고 나서 사는 것을 상식으로 여긴다. 만져 보지 않으면 상품이 좋은지 나쁜지 판단하지 못하겠다는 사람도 많다.

그러나 물건을 만지는 행위는 서양에서 통하지 않는다. 특히 일류 부티크 등에서는 매장 점원의 눈살을 찌푸리게 할 수 있으므로, 결코 해서는 안 될 행동이다.

　이탈리아 사람들의 경우, 백화점을 제외하고는 어슬렁어슬렁 매장에 들어가 이것저것 품평을 하는 습관이 없다. 쇼윈도에 진열된 물건들에 대해 어느 정도 품평이 끝났으면 매장에 들어가 컬러, 사이즈, 모양, 소재 등, 자신이 희망하는 사항을 말하고 상품을 건네 받는 스타일로 물건을 구입하는 것이 보통이다.

　단, 매장에 들어갔다고 해서 반드시 구입해야 되는 것은 아니다. 마음에 드는 물건이 없으면 "그라체(고맙습니다)" 하고 말하고 그냥 나와도 무방하다.

　한편 서양에서는 상품을 만지는 것이 허락되지 않지만, 아시아에서는 어디나 상품을 만져 보고 품질을 확인할 수 있으므로 실컷 품평을 해도 좋다.

🎁 점원의 태도가 건방져도 참을 것

　아시아권 국가에서는 보기 드문 일이지만, 유럽 국가들 가운데는 쇼핑을 할 때 점원의 태도가 너무도 쌀쌀맞은 데 대해 놀라게 되는 일이 있다.

　국내에서는 그저 아이쇼핑만 할 뿐인데도 "특별히 찾으시는 물건이 있으십니까?" 하며 말을 걸거나, 손에 들고 바라보고 있으면 "한 번 입어 보시겠어요?" 하고 권한다.

　그러나 서양에서는 앞에서도 말했듯이, 상품을 손에 들고 보는 습관이 거의 없다. 진열돼 있는 상품은 이른바 견본으로써 살 맘이 생겨서야 비로소 "저 구두를 이 정도 사이즈로 주세요" 하며 입을 열게 되는 것이 보통이다.

그러므로 점원은 손님이 물건을 다 보고 난 후 주문하기만을 기다릴 뿐이다.

  더욱이 남유럽에서는 손님과 점원이 어디까지나 대등한 입장으로, "손님은 왕"이라는 의식이 전혀 없다. 이것은 어디까지나 습관일 뿐이므로, "이 가게, 정말 기분 나빠" 하고 불쾌하게 생각해서는 안 된다.

현명하게 쇼핑하려면

🛍️ **가격을 귀로만 확인해서는 안 된다**

쇼핑을 할 때, 매장의 상품에 정가표가 붙어 있으면 가격을 알아보기 쉽다. 정가표가 안 붙어 있는 곳은 상당히 격식을 갖추고 있는 매장이거나 노점상 같은 경우일 뿐.

물론 관광객을 노리는 노점상이 많은 아시아 국가나 중근동 지역에서는 가격을 표시하고 있는 경우도 많다. 하지만 이것은 어디까지나 관광객 가격으로써 값을 깎는다는 것을 전제로 설정한 가격이다.

따라서 당연히 가격 교섭에 들어가야 하는데 말이 통하지 않으면 어느 정도까지 깎아야 하는 것인지, 또 어느 정도까지라면 값을 지불해도 좋은 것인지 상대방과의 의사 소통에 애를 먹게 된다.

그럴 때 유용하게 이용할 수 있는 휴대 아이템으로써 필담용 메모 패드가 있다.

즉 서로 숫자를 이용하되, 상대방이 제시하여 쓴 가격이 마음에 들지 않을 때는 그것에 X표를 치고 다시 자신이 희망하는 숫자를 써서 이쪽의 의견을 제시하는 것이다. 이를 반복해 나가면 교섭은 간단하게 타결된다.

서로가 더듬거리는 반쪽짜리 영어나 어디서 배운지 모를 미심쩍은 자국어로 교섭하려 해서는 안 된다. 막상 지불할 때가 돼서 "그 가격이 아닌데" 하는 것을 알았을 때는 이미 돌이킬 수 없는 사태로 발전할 수도 있기 때문이다.

🛍️ 납득이 갈 때까지 가격 교섭을 하라

해외에서 쇼핑을 할 때, 고급 부티크를 제외하고는 상대방이 제시한 가격대로 물건을 사서는 안 된다. 우선은 상대방이 말하는 가격을 듣고, 거기서부터 가격 할인 교섭에 들어가야 한다.

이때의 테크닉으로써 필요한 것이 국내에서 미리 물건의 가격에 대해 알아 놓는 일. 그 가격을 기준으로 하여 자신이 납득할 수 있는 가격을 겨냥할 것.

상대방이 처음에 말한 가격이 싸게 느껴지더라도 그 단계에서 타협하기에는 이르다. 약간 곤란한 듯한 표정을 짓고 "으~음" 하는 소리를 내 본다. 상대방이 좀더 가격을 깎아 주면 다시 한 번 "으~음" 하고, 또다시 가격을 깎아 주면 짐짓 돌아가려는 시늉을 해 볼 것. 상대방이 뒤따라와 보다 싼 가격을 제시하면 그때가 바로 살 때이다.

이때 전혀 따라올 기색을 보이지 않는다면 그 이전의 가격이 최종 가격이다. 이럴 때는 일단 가게를 나왔다가 다시 한 번 들어가자.

🛍️ 현금으로 지불할 때는 정가대로 사지 말라

해외의 쇼핑에서 값비싼 물건을 구입할 때, 요즘이라면 카드로 지불하고 사는 사람이 거의 대부분일 것이다.

단, 현지 통화로 바꾼 것이 귀국을 앞두고 꽤 많이 남게 됐을 때, 환전하기는 귀찮고 "이 정도의 현금으로 뭐 하나 살 수 있는 것이 없을까" 하는 사람도 있을 것이다. 그러나 이때도 정가대로 사기에는 좀 아깎다.

카드로 결제되는 부분에 대해서는 소정의 수수료를 매장 측이 카드회사에 지불하게 되어 있기 때문에, 현금으로 지불하게 되면 매장은 그만큼 득을 보는 셈이 된다.

국가나 매장에 따라서는 완강해서 결코 값을 깎아 주지 않는 경우도 있으나 밑져야 본전이란 생각으로 일단은 교섭을 해 보자. 특히 이탈리아에서라면 대개 수수료의 몫은 깎아 줄 것이다.

"cheap"을 발설하는 것은 절대 금물

해외에 나갔을 때, 좋은 물건을 의외의 가격으로 파는 데 대해 놀라게 되는 경우가 있다. 특히 시장이 밀집돼 있는 번화가에서는 한층 더 그렇다.

그러나 아무리 놀라워도 "So cheap!"이란 말을 해서는 안 된다. 한쪽은 가급적 싸게 사야 하고 다른 한쪽은 가급적 이익을 남겨야 하는, 사는 자와 파는 자의 흥정의 장인 것이다.

"싸다"라는 말을 경솔하게 했다가는 돈을 뜯어낼 절호의 찬스로 여겨 바가지를 씌우려 들지도 모른다.

번화가의 시장에서 물건을 잘 사려면 그 자리에서 덥석 사 버리지 말고 충분히 값을 깎고 나서 사는 것이 중요하며, 또 그렇게 사는 것이 좋은 추억거리가 되기도 할 것이다.

값을 깎고 나서 사지 않는 것은 실례

우리 나라에서는 값을 깎아도 무방한 가게와 백화점처럼 절대로 깎아 주지 않는 가게가 확실히 구별돼 있다. 서양도 마찬가지이다. 바자

나 벼룩시장 같은 곳에서는 가격 흥정이 가능하지만, 보통 가게에서 가격 흥정을 하는 것은 일단 불가능하다고 생각해 두는 것이 좋다.

한편 아시아권이나 중근동, 또는 라틴아메리카 등지에서는 미리 값을 깎으려 들 것을 계산하여 아예 높은 값을 매겨 놓는 경향이 있으므로, 가격 교섭 그 자체를 즐겨도 상관없다.

그러나 그 교섭 결과, 파는 측이 자신의 희망 가격까지 깎아 주었는데도 결국 사지 않고 그냥 나오는 일이 있어서는 안 된다. 가격 교섭을 즐기라고는 했지만, 진심으로 갖고 싶은 물건이 있을 때 비로소 그 물건의 값을 깎는 과정을 즐길 수 있는 것이다.

🎁 싼 물건 하나를 사는데도 값을 깎는 것은 실례

아시아권 나라에서 쇼핑을 할 때는 제시된 가격으로 사지 말고 가격

홍정을 하는 것이 기본이다. 그렇다고 해서 겨우 1,000원 정도의 물건을 하나 사면서 값을 깎는다는 것은 볼썽사나운 행동이다. 그 가격이 불만이라면 다른 가게에 가 보아 더 싼 쪽의 가게에서 구입하면 되는 것이다.

단, 비록 단가가 싼 것일지라도 한꺼번에 여러 개를 살 경우에는 제시된 가격으로 사면 손해이다. "전부 얼마를 내기 원하십니까" 하는 말이 나오도록 홍정해 보자.

🛍 싸게 사고 싶다면 이런 가게는 피하라

우리 나라 사람들의 쇼핑 열기는 갈수록 대단해져, 밀려오는 한국 손님들에 대응하기 위해 매장에 한국인을 점원으로 고용하는 등, 여러 모로 편리하게 쇼핑할 수 있도록 하려는 배려들이 눈에 띄고 있다.

그러나 그러한 가게는 그 배려에 대한 사례비인지는 몰라도 가격이 약간 비싸다는 사실도 알아 두기 바란다. 편리함을 사고자 한다면 어쩔 수 없겠지만, 모처럼 비싼 여비를 들여 싸고 좋은 물건을 손에 넣기 위해 현지까지 온 것이라면 이러한 가게에서 쇼핑을 하는 것은 별로 바람직하지 못하다.

가능한 한 현지인이 많이 찾는 가게를 고르는 것이 좋은데, 그것은 그 지역 사람들이 품질이나 가격을 보증하고 있다는 증거이므로 안심하고 쇼핑할 수 있기 때문이다.

🛍 친구와 동행했을 때는 지불도 같이하라

패키지 투어에 친구들 여러 명이 함께 참가했을 때, "오늘은 모두 선물을 사는 날"로 정해 쇼핑에 하루를 할당하거나 한다.

또한 눈여겨 둔 매장에 모두 같이 몰려가, 각자가 원하는 물건을 골라 사는 일이 있을 수도 있다.

그럴 때 각자가 뿔뿔이 돈을 지불한다면 쇼핑을 할 줄 아는 사람이라고는 할 수 없다. 단체로 와서 많은 물건을 사가는 것은 자주 있는 일이 아니다. 누군가가 대표로 한꺼번에 물건을 구입한다면 때에 따라서는 값을 깎아 주거나 하는 행운이 따를 수도 있으므로, 그러한 찬스를 놓쳐서는 안 된다.

특히 이 방법은, 똑같은 작은 물건을 각자가 가족이나 아는 사람들의 기념 선물로 여러 개 사게 될 때 효과가 있다.

숫자 정도는 말할 수 있도록 외워 둘 것

투어 여행의 경우에는 영어에 자신이 없거나 현지어를 못해도 일단 여행하는 데 지장은 없지만, 기본적인 숫자조차도 제대로 모른다면 여러 가지로 불편한 일이 발생하게 된다.

가급적이면 많은 숫자를 기억해 두는 것이 좋겠지만, 100 이상의 숫자가 필요한 경우는 별로 없으므로, 많은 숫자를 외우는 것이 무리라면 적어도 5까지의 숫자와 10 정도는 기억해 두도록 하자. 선물을 사거나 할 때, 원하는 숫자를 제시할 수가 있어 편리할 것이다.

쇼핑을 할 때, 가격에 대해 들었지만 제대로 이해가 안 된다면 적당히 맞장구를 쳐서는 안 된다. 그것도 트러블의 원인이 될 수 있으므로, 잘 모르겠으면 차라리 가격을 종이에 써 달래도록 하자.

공항 면세점만 이용하지 말라

"면세점에서 사면 싸다"고 외곬으로 생각하는 사람이 적지 않은 듯하다. 그래서인지 공항 안에 있는 면세점은 언제나 대만원이다. 귀국 직전에 기념 선물 등을 여기서 조달하는 사람도 상당히 많다.

그렇지만 면세점이니까 쌀 것이라고 생각하는 것은 큰 착각이다.

물론 세금을 지불하지 않아도 된다는 점은 고마운 일이지만, 세율이 별로 높지 않은 상품일 경우에는 그다지 이득이 되지 않는다. 더군다나 공항 안이기 때문에 경쟁 상대가 없다는 이유로 가격이 비싸게 책정되어 있는 경우도 적지 않다.

공항 내 면세점에서 구입했을 때 득을 볼 수 있는 품목은 위스키나 브랜디, 보드카 등 세금이 비싼 상품. 같은 술이라도 와인은 세율이 낮기 때문에 시내의 주류 전문점에서 사는 것이 더 싼 경우도 있다.

돈을 지불할 때는 이런 점에 주의

🛍 잔돈의 계산 착오가 의외로 많다

쇼핑을 하고 잔돈을 받을 때, 보통은 간단하게 그냥 뺄셈을 하면 되는데, 그것을 못하는 사람이 많은 나라도 있다.

이들은 계산할 때, 구입 금액이 지불된 금액에 달할 때까지 반대로 더해 나가는 방법을 이용한다.

그 때문인지는 몰라도 해외에서 쇼핑을 할 때, 잔돈의 계산 착오가 상당히 많다. 물론 더 받는 일은 없고, 언제나 부족한 경우뿐이다. 우리 나라 사람들을 얕보고 그러는 것인지 몰라도, 개중에는 일부러 틀린 금액을 거슬러 주는 상대방도 없다고는 할 수 없다.

그럴 때, 사후 손해 보상을 청구하기도 귀찮고 "얼마 안 되니까 참지 뭐!" 하고 단념해 버려서는 안 된다. 항의의 표현을 제대로 외워 두었다가 부족한 잔돈을 그냥 받아들고 나오는 일이 없도록 하자.

🛍 카드에는 잊지 말고 사인해 둘 것

현금 없이도 생활할 수 있는 환경이 국내에서도 완전히 자리를 잡아 가고 있다. 일찍이 지위나 재산에 대한 까다로운 조사를 거쳐야만 발급받을 수 있기 때문에 사회적 지위의 상징이기도 했던 신용 카드, 이제는 너나없이 신용 카드를 지닐 수 있는 시대가 되었다.

하지만 우리 나라 사람들의 신용 카드 취급이나 관리는 유럽의 선진 국들이나 미국에 비하면 엉성하고, 무엇보다도 신용 카드의 진짜 중요성에 대해 모르는 면이 있다.

그 대표적인 것이 카드 뒷면의 사인란에 아무런 기입을 하지 않고도 사용할 수 있는 점. 사용하는 측도 자기 것이니까 당연하다는 생각으로 사용하고, 건네 받는 가게 측도 당연히 내민 당사자의 카드일 것으로 생각하여 아무런 의심 없이 처리한다.

그러나 해외에서는 절대로 통용되지 않는 일이므로, 정확하게 자신의 이름을 사인해 두어야 한다. 아무런 사인도 없는 카드는 사용을 거부당한대도 불만을 호소할 수 없다.

해외에서 카드를 사용할 때는 미리 사인을 꼭 해 두도록 하자.

🛍️ 가격표보다 비싸게 청구되는 경우가 있다

미국에서 쇼핑을 할 때, 정가표를 보고 괜찮은 가격이라 사기로 마음먹었는데, 막상 지불할 때 건네 받은 청구서가 표시된 가격보다 훨씬 비싼 경우가 있다. 이럴 때, "왜, 왜" 하고 당황하여 항의해서는 안 된다.

물건을 살 때는 주세를 내도록 되어 있고, 이것이 또한 상당히 비싸다. 물론 미국 국민이 아니라고 해서 세금을 내지 않을 수는 없는 법이다. 우리 나라에서도 소비세의 경우 누구를 막론하고 모두 내는 것과 똑같은 이치이다.

이 점을 각오하고, 쇼핑을 할 때는 지갑과 상의하도록 하자.

이 주세의 세율은 모든 주에 일률적으로 적용되는 것은 아니므로, 미국 각지를 여행할 때는 어차피 동일한 물건을 살 바에야 조금이라도

세율이 낮은 주에서 사는 것이 이득이라는 것도 기억해 두자

상품은 지불한 다음 받아들 것

우리 나라에서는 아직 드문 드라이브 스루(역주 : 자동차에 탄 채 서비스를 받을 수 있는 은행, 레스토랑, 패스트푸드 등의 시설, drive-through). 본고장인 미국에서는 물론 흔하게 볼 수 있는 시설인데, 시간이 없는 관광객에게는 고마운 존재이다.

미국에서 드라이브 스루를 이용할 때 주의할 것은, 물건을 건네 받는 장소와 요금을 지불하는 창구가 별도로 되어 있다는 것이다. 즉 주문을 했으면 차를 전진시켜 다음 창구에서 요금을 지불하고, 계속해서 앞으로 나아가 물건을 받아드는 것이다. 때문에 요금을 지불한 창구에서 아무리 기다려도 소용없다. 다음 창구로 나아가지 않는 한, 물건은 언제까지고 나오지 않는다.

이것은 물건만 받고 요금을 내지 않은 채 달아나 버리는 행위를 방지하려는 데서 비롯된 발상으로, "먼저 요금을 지불하라"는 것이 미국식인 것이다.

마음에 드는 물건을 손에 넣으려면

🛍 마음에 드는 물건은 그 자리에서 사라

여행 중에 "정말 가지고 싶다!" 할 정도로 마음에 꼭 드는 물건을 보았을 때는 바로 그 자리에서 사도록 하자. 여행을 막 시작한 단계이거나 할 때는, "아직 사기에는 일러. 다음에 천천히 쇼핑하러 와야지" 하는 생각으로 무심코 후일로 미루게 되는데, 이것은 안이한 생각이다. 며칠 후에 다시 갔을 때는 갖고 싶었던 물건이 매진되거나 가게가 때마침 휴일이거나 하는 이유로 결국 사지 못하고 마는 수가 있기 때문이다.

후회하고 싶지 않으면 "갖고 싶다"는 자신의 직감을 믿고 바로 그 자리에서 사 버려라.

🛍 인기 상품은 문 열기 전부터 기다리는 것이 기본

가방이나 구두는 파리 컬렉션이나 밀라노 컬렉션에서 새로운 동향이 나타날 때마다 신상품에 인기가 집중된다.

"이번의 새로운 디자인"으로써 출시된 상품은 역사가 있기로 정평이 나 있는 상품 라인과 나란히 인기를 다투게 마련이다. 이들 브랜드 신상품을 이왕이면 남들보다 조금이라도 빨리 손에 넣어 남들의 부러움을 한몸에 받고 싶은 것이 여자의 마음이다.

그렇다면 남들보다 조금이라도 빨리 사야 할 텐데, 그 브랜드 숍의 오픈 시각에 맞춰 어슬렁거리며 가서는 물건을 손에 넣을 수 없다. 여자의 마음은 누구랄 것도 없이 똑같아서, 눈 깜짝할 새에 품절이 되고 말기 때문이다.

오픈 시각 전에, 그것도 이른 아침부터 나가 줄을 서는 수밖에 없다. 그러나 안타까운 일이지만, 그날 그 매장에 원하는 물건이 있을 것이라는 보장은 없다.

쇼핑이 목적이라면 시기를 생각할 것

인기 브랜드 구입을 목적으로 하는 패키지 투어는 감소하고 있으나, 개별적으로 쇼핑만을 목적으로 프랑스나 이탈리아에 가는 사람들이 많다.

그런 사람들은 이왕이면 바겐 시즌을 노리는 것이 좋다.

유럽의 바겐은 여름철 바겐이 대개 7월경부터 시작되어 8월말경까지 계속된다. 국내의 여름 휴가와 딱 겹치기 때문에 이때를 이용하여 갈 수 있다.

영국의 경우, 겨울철 바겐은 12월 27일, 즉 크리스마스 시즌이 끝남과 동시에 일제히 시작된다. 햴로즈 백화점이 1월 중순부터 실시하는 바겐은 문 열기 훨씬 전부터 긴 줄이 생길 정도로 큰 인기이다.

파리나 이탈리아에도 겨울철 바겐이 있는데, 영국과 마찬가지로 12월말부터 1월에 걸쳐 펼쳐지기 때문에 신년 휴가를 이용하면 좋다.

음악 팬이라면 의외로 싸고 진귀한 물건을 놓치지 말라

해외에서 쇼핑할 때는 아무래도 브랜드 의류나 가방, 화장품에만 시선이 집중돼 정말로 유익한 쇼핑을 할 수 있는 다른 아이템을 간과하게 되는 일도 많다.

특히 미국에서는, 국내 수입 음반 매장에서 가장 먼저 새 악보를 입수하고 싶어한다든가 좋아하는 아티스트의 숨겨진 레코드판 찾는 것이 취미인 음악 팬이라면, 국내 가격의 절반도 안 되는 금액에 본고장의 물건을 손에 넣을 수 있으므로 만족스러울 것이다. 비틀즈를 낳은 영국도 빼놓을 수 없다. "수지맞는 쇼핑"이라는 면에서 미국만큼은 아니지만, 대형 점포에서 전문 분야까지 매장의 종류가 풍부하기 때문에 싸고 진귀한 물건을 만날 수 있는 확률은 상당히 높다.

자신의 취향은 아니지만 가까운 사람 중에 열광팬이 있을 때 선물로 고를 수도 있어, 선택의 폭이 넓어지므로 고르는 재미가 있을 것이다.

🎁 갖고 싶지도 않은 물건을 구입하지 말 것

패키지 투어를 개최하는 여행 대리점 중에는, "이렇게 싼데, 회사에 이익이 돌아갑니까?" 하고 물어보고 싶을 정도로 가격이 싸게 책정돼 있는 곳이 있다. 똑같은 스케줄로 동등한 레벨의 여행을 대형 대리점 투어로 가게 되면, 불과 3박밖에 안 되는 짧은 여행인데도 수십만 원씩 차이가 나는 경우도 있다.

그러나 이렇게 싸고 좋은 투어는 반드시 관광지의 기념품 판매점에 들르는 일정이 들어 있어, 그 곳에서 자연 쇼핑을 하게 된다.

싸고 좋은 투어일수록 들르는 가게의 수도 많아, 개인적으로 쇼핑을 할 시간적 여유도 없을 정도로 스케줄이 빡빡하기 때문에 자연히 이들 가게에서 물건을 살 일도 많아지게 된다.

짐작했겠지만, 이러한 가게는 여행 대리점과 사전에 계약을 맺고,

데려온 손님의 쇼핑 금액 중 일부를 리베이트로 받는 경우가 많다. 투어 요금의 저렴함을, 대리점은 이런 식으로 보충한다고 할 수 있다.

   브랜드 숍은 아니지만 개중에는 한국인 스태프가 항시 대기하고 있다가 응대해 주거나 귀국 후의 상품에 대한 클레임을 접수해 주는 곳도 있는데, 그런 점에 이끌려 고액의 상품을 사거나 갖고 싶지도 않은 것까지 무심코 사서는 안 된다.

   스케줄에 들어 있으니까 데려다주는 대로 따라가는 수밖에 없겠지만, 집합 시간을 확인했으면 주변을 배회하면서 따로 시간을 보내도 될 일이다.

🎁 **국내 사이즈와 다르므로 반드시 입어 볼 것**
   우리나라 사람들의 체격은 예전에 비하면 상당히 좋아졌지만 서양인에 비하면 아직도 왜소하므로, 양복이나 구두를 살 때는 그 사이즈에 주의하여 구입해야 한다. 비록 신장은 같다 하더라도 동양인은 다리가 짧고 평발인 경우가 많기 때문에 바지나 구두를 살 때는 특히 주의해야 한다.

또한 해외의 사이즈 표기는 국내에 비해 상당히 간단하며, 브랜드나 아이템에 따라서도 상당히 차이가 있다. 바지는 사이즈를 보기만 해서는 알 수 없으므로 반드시 입어 보고 몸에 꼭 맞는 것을 찾도록 하고, 구두도 좌우의 사이즈가 다른 경우도 많으므로 반드시 양쪽 다 신어 보는 것이 좋다. 속옷류도 사이즈가 미묘하게 틀리므로, 한 번 샀었던 브랜드라고 해서 안심하고 입어 보지도 않고 사거나 해서는 안 된다. 다소 귀찮더라도 역시 입어 보고 나서 사는 것이 제일이다.

나중에 있을 수 있는 트러블을 방지하려면

🛍 사인은 금액을 확실하게 확인하고 나서

해외에서 카드로 쇼핑을 할 때는 국내에서와 같이 간단히 사인을 해서는 안 된다. 영수증의 금액란을 확실히 체크하지 않으면 수십만 원 어치의 물건값이 수백만 원 어치의 청구서로 둔갑해 날아들어, 혼비백산하게 될 일이 생길 수도 있다.

예를 들어 이탈리아 화폐 단위인 리라의 경우, 0의 수가 매우 많기 때문에 하나나 두 개 정도 0의 개수가 틀린다 해도 깨닫지 못하는 수가 있다. 상대방에게 특별히 악의가 있어서 그런 것이 아니라, 단순히 0의 개수를 잘못 써 버린 부주의함 때문인 경우도 적지 않다. 제대로 확인도 하지 않고 사인을 하면 예기치도 않은 일이 생길 수도 있다.

쇼핑을 했으면 영수증의 금액은 반드시 확인하는 것이 철칙이다.

🛍 정정 전표의 사인을 그대로 두는 것은 위험

해외 여행이라 해도 패키지 투어와 같은 단기 여행일 때는, 신용 카드가 있으면 현금은 그다지 많이 가져갈 필요가 없다. 음료수나 간식거리 샌드위치를 살 정도의 돈만 있으면 충분하고, 쇼핑은 벼룩 시장을 돌아다니는 것이 아닌 이상 사인 하나로 끝낼 수가 있다.

단, 계산 시 매출 전표에 사인을 할 때, 가게 측이 용지가 잘못됐다,

용지가 어긋났다, 또는 사인을 알아보기 힘들다 내지는 어떠한 이유를 붙여 "다시 한 장" 하고 내미는 경우가 있다. 그때는 처음에 사인한 용지를 반드시 자신이 찢어 버리든지, 아니면 점원이 제대로 찢는지 확인해야 한다. 사소한 부주의로 2장의 매출 전표가 존재하여 이중 청구를 당해도 손해는 고스란히 이쪽의 몫이 된다.

청구서가 날아드는 것은 귀국하고 여러 날이 지난 후이기 때문에, 여차하면 자기가 산 물건조차 잊어버리고 만다. 2장째의 사인을 요구받았을 때는 분명하게 "첫 번째 것을 주십시오" 하고 달라 하여서 스스로 찢는 것이 가장 확실하다.

🎁 매장을 나올 때까지 영수증은 버리지 말 것

가방 전문점에서 가방만 사고 그대로 매장을 나오거나 할 때는 상관없지만, 슈퍼마켓에서 이것저것 일상 용품을 사거나 기념 선물을 고르기 위해 백화점을 이용했을 때는 그 곳을 나올 때까지 쇼핑 영수증을 버려서는 안 된다.

어느 매장을 막론하고 물건을 훔치는 행위에 대해서는 상당히 민감하기 때문에 경비원을 고용하여 감시하게 하거나, 프랑스의 경우에는 백화점 출입구에 탐지기를 설치해 두기도 한다.

만약 어떠한 일로든 오해를 받았다면, 규정 물건인데다 백화점의 포장지가 분명하지 않느냐고 항변해 봤자 말이 통하지 않는다는 이유가 아니더라도 통하지 않는다.

그때 제대로 계산대에서 입력한 영수증이 있으면, 얼마치의 쇼핑을 하고 어느 정도의 돈을 지불했으며 잔돈은 어느 정도를 받았는가 하는 것이 모두 프린트되어 있으므로, 결백하다는 증명서가 된다.

설령 손수건 한 장밖에 안 샀다 하더라도 매장 안에 있는 동안에는 절대 영수증을 버리는 우를 범해서는 안 된다.

영수증은 지불이 끝날 때까지 버리지 말 것

해외에서 쇼핑을 하거나 외화를 교환했을 때, 그 영수증을 버려서는 안 된다.

그 나라를 나올 때 세관에서 제시할 것을 요구받는 경우가 있으므로, 잘 보관해 두자.

신용 카드로 물건을 구입한 경우의 영수증 등은 나중에 청구서가 돌아왔을 때 잘못된 부분이 없는지를 체크하기 위해서도 필요하다. 무언가 트러블이 있었을 때의 증명서가 되기도 하므로, 결제 금액의 지불이 깨끗하게 끝날 때까지 보관해 두자.

계산은 점원에게만 맡기지 말 것

같은 매장에서 여러 가지 물건을 살 때, 합계 금액에 대한 계산을 매장 측에 일임하고 나 몰라라 하는 태도는 좋지 않다. 국내 슈퍼마켓에서처럼 계산원을 무조건적으로 신뢰하여, 산출된 합계 금액을 확인도 않고 지불하는 일이 있어서는 안 된다.

물론 확실한 계산원이라면 속이는 일이 없겠지만, 특히 점원이 전자계산기를 두드려 계산할 때는 눈여겨보아야 한다. 그리고 반드시 합계 금액이 정확한지 스스로 확인하는 것이 중요하다.

상품 네댓 가지의 가격을 차례차례 입력하고, 게다가 그것을 두세 번 눈앞에서 반복하면서 표시된 숫자를 확인시키는 테크닉에 깜빡 속아넘어갈 수가 있는데, 마치 귀신에라도 홀린 듯이 몇 가지가 더 추가 돼 있는 경우가 있다.

확실하게 스스로 암산을 하여 합계 금액을 확인하도록 하라. 암산에 자신이 없는 사람은 자기 계산기를 가지고 다니면 된다.

구입한 것은 현지에서 한 번쯤 포장을 푸는 것이 기본

고대하고 고대하던 쇼핑. 눈여겨 둔 매장을 찾아가 이것저것 물건을 본 뒤, "그~래! 바로 이거야" 하고 물건을 구입해 돌아왔다면, 반드시 호텔에서 한 번쯤 포장을 풀어 보는 것이 좋다.

모든 가게가 다 그런 것은 아니지만, 눈앞에서 포장하지 않고 안쪽에 가지고 들어가 포장해 온 물건이 실제로 고른 것과는 달리 가짜로 바뀌어 있다거나 하는 예는 결코 드물지 않다. 귀국하고 나서 짐을 풀어 보고 난 후 그 사실을 깨달았을 때는 이미 버스가 떠난 뒤이다.

이 밖에도 흠집이 나 있는 물건이거나 귀금속에 당연히 있어야 할 보증서가 들어 있지 않는 등, 유사 피해가 상당히 많다. 이미 귀국하고 나서는 사정 하나를 말하는 데도 엄청난 시간과 노고가 들 뿐 아니라, 애쓴 보람도 없이 회답은 깜깜무소식인 경우가 대부분이다.

현지에서 바로 알아차리고 교환이나 반품을 요구한다 해도 시간을 상당히 빼앗기게 되겠지만, 교섭의 여지가 있다는 것만으로도 그나마 나은 편이다. 즐거운 쇼핑을 엉망으로 만들지 않기 위해서라도 구입한 것을 풀어 보지도 않고 귀국하는 한심스런 일은 절대로 있어서는 안 되겠다.

가짜 브랜드는 사지 말 것

해외 여행지에서 유명 브랜드 카피를 사는 사람이 있는데, 이것은 바람직하지 못하다. 진짜와 똑같고 가격도 적당하니 가짜라도 상관없어 하고 노천에서 파는 상품을 샀다가는 공항 세관에 들켜 몰수당할 수가 있다.

가짜 브랜드는 지적 소유권을 침해하는 위법적 물건이다. 몰수당한들 어디까지나 구입한 쪽의 책임이므로, 아무런 보상도 바랄 수 없다.

물론 가짜인 줄 모르고 구입해도 상황은 똑같아서 결국은 손해를 볼 뿐이다. 노천 같은 데서 진품을 팔 리 없지 않은가. 아무리 싸고 진짜와 똑같더라도 구입은 신중히 할 것.

🛍 위법적인 물건은 절대로 구입하지 말라

야생 동물 보호 등을 중심으로 동물에 관한 포획이나 수출입의 규제를 정한 것이 워싱턴 조약이다.

예를 들어 상아는 현재 이에 저촉되는 물건으로써 매매가 금지되어 있다. 그러나 법률이 있으면 거기서 구멍을 찾아내려는 사람, 또는 위반인 줄 알면서도 어떻게든 손에 넣어 희소 가치를 즐기려는 사람들 때문에 범죄가 생겨난다. 겉으로 드러내 놓고 판매하지는 않지만 관광객을 상대로 몰래 밀매하기 때문에, 이러한 유혹의 손길이 뻗쳐 와도 절대 구입해서는 안 된다.

들키면 출국을 금지당할 수도 있다. 그렇다고 들키지 않으면 된다는 뜻은 아니다. 물론 귀국 시 국내 세관에 들키면 영락없는 밀수범 신세가 되는 것은 두말할 나위 없다.

🛍 미술품을 함부로 가지고 돌아가지 말라

해외 여행의 즐거움 중 하나가 쇼핑. 브랜드 수집가처럼 바겐 시즌을 노리는 쇼핑 투어는 별도지만, 정말 그 나라에서만 볼 수 있는 공예품이나 특산품, 전통미 넘치는 물건은 누구나가 하나쯤 가지고 싶어질 것이다.

중국을 방문하면 옛날 항아리나 벼루 등, 자신이 이용해도 즐겁고 기념품으로 갖다 주어도 크게 좋아할 만한, 소위 미술품에 해당하는 물건을 손쉽게 구입할 수 있다.

그러나 그저 골동품인 줄 알고 샀다 하더라도 이러한 역사적 문화재에 해당하는 물건을 국외로 반출하는 데는 제한이 따르거나 세관의 승낙이 필요하다. 구입하기는 했지만 본국으로 가져가지도 못하고, 비싼 관세를 물어야만 하는 일도 있을 것이다. 따라서 구입하는 시점에서, 반출이 가능한지 불가능한지의 확인을 게을리 해서는 안 된다.

미국 등지에서도 신진 작가의 싸고 진귀한 석판화 작품을 만나면 한 장 정도 사고 싶어질 것이다.

고미술뿐만 아니라 특히 예술에 관한 것을 기념품으로 살 때는 그에 부속된 법적 규제가 존재한다는 사실을 떠올리고, 반드시 확인하고 나서 구입해야 한다.

6장
레저를 즐길 때 이런 행동은 금물

해양 구조원의 지시에 따를 것 / 아무 대책 없이 피부를 태우는 것은 위험 / 말을 걸며 접근하는 해변의 젊은이는 조심할 것 / 해변에서 술을 마시는 것은 금물 / 어린아이로부터 절대로 눈을 떼지 말라 / 본 적이 없는 생물은 만지지 말 것 / 더운 여름이라도 산에 갈 때 스웨터는 필수품 / 꽃을 꺾거나 함부로 버리는 행위는 엄금 / 야생 동물을 함부로 만지지 말 것 / 풀숲에서 캠프를 하는 것은 위험 / 해외에서 등산을 할 때는 정상을 노리지 말라 / 무단으로 물고기를 잡는 것은 금물 / 열대 지방의 모기는 치명적인 질병의 근원 / 그 지역 거주민과 똑같이 강에 들어가는 것은 위험 / 오페라를 보러 갈 때의 복장 / 해외 오페라를 고르는 법 / 플래시를 터뜨려 그림을 촬영하지 말 것 / 애 봐 주는 사람에게 아이를 맡길 때 주의할 점 / 교회는 관광 시설이 아니다 / 이슬람 사원에 함부로 들어가는 것은 금물 / 전신 피부 미용실에 갈 때는 예약을 한 후에 / 카지노에 가벼운 차림으로 가는 것은 금물 / 스트립 쇼의 스트립 걸을 만지면 위험 / 축구를 관전할 때는 이런 점에 주의 / 함께 사진을 찍고 싶다고 부탁하려면 / 해외에서는 초상권을 의식할 것 / 여성은 남성에게 부탁하지 않는 것이 무난 / 촬영 금지 장소에서는 카메라를 보이지도 말 것

물놀이 시의 안전 대책

 해양 구조원의 지시에 따를 것

바야흐로 해양 스포츠가 크게 인기를 끌고 있는데, 하와이의 해변에서 이들 스포츠를 즐길 때는 절대로 위험 구역에 접근해서는 안 된다. 실력에 자신이 있더라도 과신은 금물. 관광지 등의 해변에는 대개 위험 표지가 설치되어 있으므로, 이를 제대로 확인하고 반드시 지키도록 하자.

또한 안전해 보여도 바다에는 언제나 위험이 도사리고 있다. 해변의 안전을 책임지고 있는 해양 구조원의 지시도 무시해서는 안 된다.

하와이의 경우, 해양 구조원들은 시에서 파견된 공무원으로서 해변에 대해 잘 알고 있는 프로들이다. 너무 신나게 놀다가 목숨을 잃는 불상사가 없도록 해양 구조원의 지시는 철저하게 지켜야 한다.

 아무 대책 없이 피부를 태우는 것은 위험

괌이나 사이판 등 남국의 햇볕은 생각보다 훨씬 따갑다. 한시라도 빨리 까매지고 싶은 다급한 욕심에 국내 해변에서처럼 한낮의 햇볕 속에 무방비로 피부를 노출시키는 것은 위험하다. 너무 태워 화상을 입거나 일사병에 걸릴 수도 있기 때문이다.

매력적인 검은 피부를 갖고자 한다면 조금씩 태우도록 하자. 첫날은

자외선 차단제를 바르고 단시간 쬐는 것이 좋다. 나무 그늘이나 이른 아침 시간, 혹은 저녁 등 비교적 약한 햇볕에도 상당히 곱게 잘 탄다.

약하게 시작하여 피부를 점차로 강한 햇볕에 익숙해지도록 하는 것이 요령이다. 남쪽 섬에까지 와서 안달할 필요는 없지 않은가. 마음을 비우고 남국의 페이스대로 느긋하게 태우다 보면, 귀국할 무렵에는 영락없이 까매져 있을 것이다.

말을 걸며 접근하는 해변의 젊은이는 조심할 것

해외에 있는 해변의 휴양지는 머린젯, 제트스키, 패러세일 등 다양한 해양 스포츠의 기지로 활용되는 일이 많은데, 이러한 휴양지의 원활한 서비스를 위해 활동하고 있는 사람들을 이른바 "비치보이"라고 한다.

비치보이가 하는 일은 손님의 잔심부름에서부터 해양 스포츠를 지도하는 일까지, 모든 분야가 그들의 관할 구역이다. 휴양지에서의 시간을 즐기다 보면 그들과 이야기를 나눌 기회도 많고 자연히 친해질 수도 있는데, 개중에는 여자 손님에게 "관광이나 쇼핑을 안내해 주겠다"든가 "식사를 하자"면서 집요하게 접근해 오는 자도 있다.

그러나 비치보이의 속셈은 몸이나 돈이라는 것을 명심해 두지 않으면 어떤 일이 벌어질지 모르니, 그들이 온갖 수법을 다 동원하여 유혹의 손길을 뻗쳐 오더라도 멍청히 꼬임에 넘어가서는 안 된다.

악의가 없는 비치보이도 있겠지만, 일단 경계해서 나쁠 것은 없다.

해변에서 술을 마시는 것은 금물

"남국의 해변" 하면 서핑이나 야자나무가 떠오르면서 맥주나 열대과일 음료가 왠지 잘 어울릴 것 같은 느낌이다.

그러나 해변에서의 음주 행위를 금지하고 있는 나라도 있으며, 특히 하와이의 해변에서 술을 마시는 것은 절대 금물이다. 관광객 가운데는 국내 해변에서처럼 아무런 거리낌 없이 맥주를 마시는 사람이 있는데, 이는 삼가야 할 행동이다. 경찰에게 들키면 대개 주의를 받게 되는데, 운 나쁜 경우에는 벌금을 물어야 할 때도 있다.

하와이의 해변에서는 알코올은 좀 참자.

어린아이로부터 절대로 눈을 떼지 말라

어린아이와 함께 하는 여행도 나름대로 재미있다. 특히 어린아이는 물놀이를 좋아하기 때문에 어쩌다 남국의 휴양지에라도 가면 제 세상을 만난 듯 온종일 지치도록 놀러 다닌다.

그러나 아무리 어린아이의 안전을 세심하게 배려하고 있는 해변이라 하더라도 절대로 아이로부터 한눈을 팔아서는 안 된다. 해변에는 온갖 위험이 도사리고 있다.

갑자기 물이 깊어지는 경우도 있거니와 산호초와 같은 바다 생물에 찔려 상처를 입을 수도 있다. 주의를 당부하는 자세한 간판이 있는 것도 아니고, 경비원이 상주해 있는 것도 아니다. 기운이 팔팔한 아이들을 계속 쫓아다니려면 힘은 좀 들겠지만, 사고를 예방하기 위해서는 절대로 어린아이로부터 멀리 떨어지지 말아야 한다.

본 적이 없는 생물은 만지지 말 것

레저를 목적으로 해외 여행을 하는 사람들도 많은데, 이때 조심해야 할 것이 "쏘는 생물"이다.

해파리 정도라면 국내에서도 흔하게 볼 수 있지만, 외국에는 국내에서 볼 수 없는 생물들이 많다. 그 중에는 실로 목숨을 위협할 만한 것도 있다. 해파리 외에도 산호, 성게, 조개 등, 종류는 많다.

쏘였을 때의 증상도 다양해, 벌겋게 부어오르는 가벼운 것에서부터 최악의 경우에는 목숨을 잃는 중증의 경우까지 있으므로, 절대로 우습게 보아서는 안 된다. 특히 귀찮은 녀석이 산호라는 놈인데, 조각이 피부에 박혀 버려 심한 염증이 생길 수 있고 상처가 아물어도 응어리가 남는 등 낫기까지 시간이 걸린다.

본 적이 없는 생물은 함부로 만지지 않는 것이 상책이다. 아무튼 다른 나라의 바다에 갔을 때는 눈에 익지 않은 것에 접근하지 않는 것이 좋다.

산, 강, 들놀이를 할 때 주의할 점

더운 여름이라도 산에 갈 때 스웨터는 필수품

해외 여행을 떠날 때는, 여행지와 국내의 기후가 틀린 경우가 많으므로 적당히 입을 수 있는 옷을 준비해 가는 것이 좋다. 특히 높은 곳에 올라갈 때는 한여름이라 할지라도 스웨터를 잊어서는 안 된다.

산악 지방 등 고지대는 낮과 밤의 기온 차가 심하다. 여름에는 시원하여 피서가 따로 필요없지만 날씨가 궂어지거나 하면 갑작스럽게 추워지기도 한다. 그렇기 때문에 고지대에서는 아무리 여름이라도 벗거나 입을 수 있는 간단한 카디건이나 스웨터를 가지고 가는 것이 좋다.

또한 고지대는 태양과의 거리가 평지보다 가까운 만큼 햇볕이 몹시 따갑다. 따라서 방한 장비와 함께 선글라스, 자외선 차단제 등도 함께 가지고 가면 좋을 것이다.

꽃을 꺾거나 함부로 버리는 행위는 엄금

해외에서는 같은 고원이라도 분위기가 전혀 틀리다. 깨끗한 공기를 맘껏 들이마시면서 이리저리 거닐고 싶은 낭만적인 기분에 젖게 될지도……

두말하면 잔소리겠지만, 그렇다고 해서 꽃을 꺾거나 쓰레기를 버리는 문화인답지 못한 행동을 해서는 안 된다.

스위스 등 유럽에서는 가는 곳마다 아름다운 꽃밭을 볼 수 있는데, 이는 오랜 세월에 걸친 각고의 노력과 세심한 주의로써 유지되고 있는 것이니, 자신의 비문화적인 행동이 그러한 노력들을 단박에 짓밟아 뭉개는 가혹한 행위가 될 수 있음을 인식해야 한다.

꽃을 기념으로 남기고 싶다면 사진이나 스케치를 하도록 하라. 특히 스케치는 자신의 감상을 자세히 묘사할 수 있기 때문에 보다 추억에 남게 될 것이다.

한편 산책을 하다 만나는 사람들에게는 명랑하게 인사하도록 하자. 모두들 달갑게 인사해 줄 것이다.

야생 동물을 함부로 만지지 말 것

해외 여행을 하다 보면 국내에서는 본 적이 없는 동물을 볼 기회도 많다. 어떤 동물은 너무 귀여워서 동물을 좋아하는 사람이라면 무심코 쓰다듬고 싶어질 것이다.

그렇지만 귀엽다고 해서 야생 동물을 함부로 만져서는 안 된다. 끔찍한 질병의 원인이 될 수도 있기 때문이다.

"광견병"과 같이 동물로부터 감염될 수 있는 병은 적지 않다. 광견병은 발병하면 전신이 마비되면서 거의 100% 사망하는 무서운 병이다. 광견병이라고는 해도 고양이, 여우, 미국 너구리 같은 동물로부터도 옮을 수 있으므로 개 이외의 동물들도 주의하고, 성급하게 쓰다듬거나 하지 않도록 한다.

물렸을 경우에는 곧바로 병원에 가서 백신을 접종받도록 하자.

또한 말라리아, 뎅그열, 황열병 등의 원인이 되는 모기나 곤충도 조심하도록 하자.

🐾 풀숲에서 캠프를 하는 것은 위험

요즘은 갑갑한 공간에서 벗어나 야외로 캠프를 떠나는 사람들을 많이 볼 수 있다. 그래서인지 해외 여행에 가서도 확 트인 야외에서 캠프를 즐기고 싶어하는 사람들이 있다. 확실히 국내에서와는 달리 웅대한 대자연 속에서 즐기는 캠프는 또 다른 맛이 있을 것이다.

그러나 해외의 야영지는 우리 나라에 비해 환경이 열악한 곳이 많다. 우리 나라에서와는 전혀 다른 조건 속에 있다는 것을 각오해야 한다. 지역에 따라서는 전갈이나 독거미, 독사 등 위험한 생물이 있는 곳도 있다. 특히 "부시(bush)"라고 불리는 풀숲에서 캠프를 할 때는 한층 더 주의해야 한다.

캠프를 할 때는 반드시 현지인의 어드바이스를 듣도록 하자.

🐾 해외에서 등산을 할 때는 정상을 노리지 말라

등산 애호가라면 해외는 훌륭한 코스의 보고일 것이다. 우리 나라 사람들의 경우, 정상에 올라가야지만 직성이 풀리는 사람이 많은 것 같다.

그러나 등산의 역사가 오랜 호주 등 유럽에서는 그런 무모한 고집은 피우지 않는다. 정상을 노리는 등산과 하이킹은 명확하게 구분되어 있기 때문에, 어느 것을 하느냐에 따라 당연히 마음가짐도 틀려진다.

우리 나라 사람들도 이 점은 반드시 본받아야 한다. 어떻게든 정상에 오르고 말겠다는 무리한 목표를 세우기보다 우선은 여유를 가지고 즐기는 것을 목적으로 등산을 해 보면 어떨까.

느긋한 마음으로 오르다 보면 등산의 새로운 즐거움을 발견하게 될지도 모른다.

무단으로 물고기를 잡는 것은 금물

해외 여행을 하다 보면 국내보다 스케일이 크고 풍요로운 자연의 모습과 조우할 기회도 많다. 물고기도 국내에서는 볼 수 없는 진귀한 것들이 많아, 낚시광이라면 당장이라도 찌를 드리우고 싶어질 것이다.

그러나 아무리 그렇더라도 무단으로 낚싯대를 던지는 것은 자중해야 한다. 뉴질랜드 등, 국가에 따라서는 우리 나라에 입어권이 있는 것처럼 일종의 라이센스가 필요하며, 허락없이 맘대로 낚시를 하면 벌금을 물게 될 수도 있다. 그러니 자신이 가려고 하는 나라에 그러한 라이센스가 존재하는지는 사전에 관광 협회 등을 통해 확인해 두는 것이 좋다.

라이센스는 현지의 낚시 도구 전문점에서 파는 경우가 많다. 그 곳에서는 낚시에 관한 정보뿐만 아니라 여러 가지 어드바이스도 얻을 수 있다.

열대 지방의 모기는 치명적인 질병의 근원

스콜(역주 : 열대 지방에서 뇌우를 동반하면서 갑자기 불다가 단시간에 그치는 강풍)이 지나간 후 고온 다습한 열대는 다양한 식물들이 생육하기에 최적의 조건이 되지만, 동시에 해충이나 병원균에게도 역시 좋은 조건을 제공한다. 싱가포르와 같은 선진국도 열대 지방에 위치하고 있어 좀처럼 질병 퇴치에 진전을 보지 못하고 있다.

대표적으로 "뎅그열"이라는 무서운 병은 고열, 두통, 근육통, 관절염, 습진이나 구토 등의 증상을 보이다가, 드물기는 해도 사망률이 높은 "뎅그출혈열"로 이행하는 일도 있다.

뎅그열은 뎅그바이러스를 가진 "열대섬모기"라는 모기를 매개체로 한 전염병이다. 열대섬모기는 실로 대단한 생명력을 갖고 있어, 그 알은 6개월 동안이나 생존한다고 한다. 그래서 싱가포르에서는 스콜이 지나갈 때마다 화분의 받침이나 빨래를 말리는 배관까지 물을 고인 상태로 방치해 두지 않도록 열성적인 노력을 아끼지 않는다.

예방 차원에서 아파트 등에는 1년에 수차례씩 살충제를 뿌리거나 모기향, 모기약 등을 이용해 구제 작업에 노력을 아끼지 않지만, 그럼에도 열대섬모기를 완전히 박멸하지는 못하고 있다.

그러므로 열대 지방에서는 모기와 같은 곤충도 조심해야만 한다. 질병으로부터 자기 몸을 지키는 것은 어디까지나 자기 자신이라는 것을 잊지 말자.

그 지역 거주민과 똑같이 강에 들어가는 것은 위험

어떤 나라를 가 보면 지역 거주민들이 강에 들어가 있는 모습을 볼 수도 있을 것이다. 식기를 씻고, 물고기를 잡고, 수영을 하는 등 완전히 생활의 일부가 된 듯한 느낌이다.

　보기에도 즐거워 보이고 여행지의 해방감과 더운 날씨로 인해 무심코 함께 강에 들어가고 싶어질지도 모른다.

　그러나 현지인을 흉내내어 똑같이 강에 들어가서는 안 된다. 언뜻 보기에 깨끗한 것 같아도 끔찍스런 질병의 근원이 되는 벌레나 병균이 잔뜩 우글거리고 있기 때문이다.

　예를 들면, 이집트 카이로 지방의 무수한 질병은 나일강과 수많은 운하로 인해 발생한다고 한다.

　그 중에서도 가장 무서운 것이 "주혈흡충"이라는 기생충인데, 상처를 통해 인체 내에 침입하여 혈액 속에 기생하며 3~5년 지난 후에 발병한다고 한다.

　그 자리의 분위기에 편승하여 강에 뛰어들었다가 이와 같은 무시무시한 병에 걸리고 나서는 땅을 치고 통곡해 봤자 헛일이다. 해외에서 강에 들어가는 것은 삼가자.

고상한 장소에 나갈 때 주의할 점

🌱 오페라를 보러 갈 때의 복장

해외 여행의 즐거움 중 하나가, 무대나 콘서트 등 다양한 엔터테인먼트를 관람하는 일이다. 국내 공연에 비해 훨씬 합리적인 가격으로 즐길 수 있다는 점도 매력적이다.

단, 유럽 등지에서 어느 정도 격식 있는 자리에 갈 때는, 일류 레스토랑에 갈 때와 마찬가지로 복장 등은 장소에 어울리도록 충분히 신경을 써야 한다.

오페라의 "GALA(특별 개최)"라고 불리는 특별 상연일이 아닌 다음에야 정장을 할 필요는 없겠지만, 영화관이나 나이트 클럽에 가는 것이 아니니 만큼 옷차림은 점잖게 하고 가야 할 것이다.

남성은 겉옷을 착용하고, 여성도 그에 걸맞는 복장을 하도록 할 것. 모처럼 가는 공연인데 등을 똑바로 펴고 제대로 관람해야 하지 않겠는가.

🌱 해외 오페라를 고르는 법

해외 여행의 즐거움은 쇼핑과 식도락이라고 생각하는 사람이 많으나, 자유 시간을 이용하여 본고장의 예술에 접할 수 있는 찬스가 있다는 것을 잊어서는 안 된다.

특히 발레나 오페라는 물론 그 진수에 접한다는 기쁨이 아니더라도 이들 공연을 지켜보는 현지 관객들의 모습으로부터 역사나 전통, 심오함 같은 것을 느끼는 계기도 될 수 있을 것이다.

단, 무엇을 볼 것인지 프로그램을 고를 때 발레와 같은 고전물이라면 국내와 별반 다르지 않아 무난하게 볼 수 있겠지만, 오페라와 같은 경우는 말을 알아듣지 못하기 때문에 모르는 작품일 때는 지루하기만 할 것이다.

하다 못해 스토리를 아는 작품이라든가, 아리아의 의미를 번역된 말로 알고 있는 작품을 고르지 않으면 애꿎은 하품만 꾹꾹 눌러 참아야 하는 촌극을 빚게 될 것이다.

현지 방문 중에 공연되는 작품의 제목은 국내에서부터 미리 알아보고, 혹시 잘 모르는 작품이라면 미리 공부를 좀 해 두자.

플래시를 터뜨려 그림을 촬영하지 말 것

박물관이나 미술관은 "촬영 금지"로 되어 있는 경우가 많은데, 대체 왜 그런 것일까.

이는 역사적 유산인 그림을 보존하는 데 플래시의 불빛이 나쁜 영향을 미치는 것으로 생각되고 있기 때문이다. 수백 년 이상의 역사를 가지고 있는 그림은 그만큼 섬세하게 마련. 그러한 것을 일반인에 공개해 주는 것만으로도 고마운 일이므로, 사진 촬영은 참고 조용히 감상에만 전념할 수 있도록 하자.

다시 한 번 말하면, 촬영 금지라는 말이 굳이 없더라도 그림을 플래시를 터뜨려 촬영해서는 안 된다. 그래도 사진을 꼭 찍고 싶을 때는 플래시를 터뜨리지 말고 찍어라. 최근에는 고감도 필름의 성능이 상당히 좋아져 플래시 없이도 충분히 찍을 수 있다.

또한 디지털 카메라나 비디오 카메라는 약간의 빛만 있으면 만족할 만한 화상을 얻을 수 있다.

그림에 손상이 가지 않도록 기본적인 매너를 지키면서 감상하는 습관을 익히자.

애 봐 주는 사람에게 아이를 맡길 때 주의할 점

해외를 나갔을 때, 고급 레스토랑 등에 어린아이를 데리고 가는 일은 별로 권하고 싶지 않다. 부득이 데리고 가야 할 상황이라면 애 봐 주는 사람을 이용하는 것도 하나의 방법이다.

호텔에 부탁하면 이들을 알선해 줄 것이며, 일부 호텔에서는 탁아 시스템을 도입하고 있기도 하다.

그렇다고 해서 장시간 이용하는 것은 별로 바람직하지 못하다.

어쩌다 사고가 나더라도 사고 배상 등의 책임을 전혀 보장받을 수 없기 때문이다.

만약 애 봐 주는 사람을 이용하고자 한다면 시간은 가급적 짧게 하고, 유아인 경우에는 맡기지 않는 것이 좋다.

교회는 관광 시설이 아니다

기독교 신자도 아니면서 아무런 스스럼 없이 교회에서 결혼식을 올리는 우리 나라 사람들은 교회가 기도를 올리는 장소이며, 병설 묘지마저 있는 곳이라는 사실을 간과하고 있다.

건물 자체가 역사적 건축물이라든가 벽화나 천장화가 미술 전집에 소개되고 있다는 점에서 관광 시설로 착각하기 때문인지 제멋대로 차려 입은 여장, 예를 들어 핫팬츠, T셔츠에 샌들 차림의 젊은이들을 보는 일이 많다.

그러나 생각해 보면 이는 대단히 실례되는 행동이다. 정장 차림까지는 아니더라도 옷매무새를 갖추고 들어가는 것이 매너이다. 하물며 동료들끼리 큰소리로 왁자지껄 떠들거나 "앗, 이거 이거" 하고 손가락으로 가리키면서 법석을 떤다면, "난 무식해요!"를 그대로 드러내는 일이 될 것이다.

이슬람 사원에 함부로 들어가는 것은 금물

중근동 지역의 아랍 국가를 비롯해 이슬람교 국가를 여행할 때는 주의해야 할 일들이 많다. 이들 나라에는 우리에게 익숙지 않은 관습들이 많아, 이들을 제대로 모르고 행동하면 터무니없는 실례를 범할 수 있기 때문이다.

우선 이슬람 사원에 무단으로 들어가서는 안 된다. 여성의 사진을 찍는 것도 금지되어 있으며, 선물로 인형이나 그림 등 우상적인 것을 주고받는 것도 피해야 한다. 또한 여성의 피부 노출은 용납되지 않으므로, 그 나라를 여행 중인 외국인 여성 또한 피부 노출이 심한 복장이나 화려한 복장은 삼가야 한다.

한편 1년에 1번 라마단(단식월)에 들어가 있을 때는 이슬람 교도 앞에서 음주나 흡연을 하는 일은 절제하도록 하자.

유원지에 갈 때 주의할 점

전신 피부 미용실에 갈 때는 예약을 한 후에

해외에서 전신 피부 미용실에 가고 싶다 하여 아무때나 훌쩍 가도 되는 것은 아니다.

아름다워지고 싶어하는 여성의 심리를 노리는, 악덕 상혼이 판치는 곳도 적지 않으므로, 전신 피부 미용실을 이용할 생각이라면 국내를 출발하기 전에 여행 대리점을 경유하여 신뢰할 수 있는 미용실을 알아 놓도록 하자. 서비스의 내용이나 요금 등을 꼼꼼히 체크하여 예약하는 것이 좋다.

만일 찾아간 미용실이 수상한 냄새가 나고 뭔가 이상하다 싶으면 곧바로 거절하고 돌아올 수 있는 용기도 필요하다.

카지노에 가벼운 차림으로 가는 것은 금물

해외의 호텔에는 카지노가 있는 곳도 많아서 시간적, 금전적 여유가 있다면 한 번쯤 들어가 이국의 카지노 분위기를 즐겨 보는 것도 좋을지 모른다.

단, 카지노에 입장할 때는 결코 가벼운 차림으로 가서는 안 된다. 대충 아무렇게나 입은 복장으로 거만한 태도로 팁을 주는 것은 보기에도 흉할 뿐 아니라 주변 손님들의 따가운 눈총을 면하기 힘들 것이다.

카지노는 성인들의 유흥장이다. 적당히 멋을 내는 정도의 복장으로, 어디까지나 스마트하게 즐기는 것이 좋다.

또한 카지노의 입장에는 대부분 연령 제한이 따른다. 미국 라스베가스 같은 곳에서는 21세 이상이 아니면 입장조차 허락되지 않는다. 어려 보이는 사람은 입장을 제지당할 수 있으므로 여권을 가지고 가는 것을 잊지 말 것.

스트립 쇼의 스트립 걸을 만지면 위험

해외에서 외국인 여성의 나체를 보기 위해 스트립 쇼에 가는 것은 자유지만, 절대로 해서는 안 될 일이 만지는 행위. 아무리 스트립 걸이 눈앞에서 왔다갔다하고, 불과 수 센티밖에 안 되는 거리까지 몸을 비벼 와도 절대로 만져서는 안 된다.

"이런 찬스는 절대 놓칠 수 없어" 하고 주책없이 건드렸다가는 무슨 일이 날지 모른다. 하물며 상대방이 싫어하는데도 집요하게 만지려 한다면 작지 않은 문제의 소지가 될 수도 있다. 얼큰하게 취해 자신도 모르게 만지작거리는 일이 없도록 아무쪼록 명심해 두자.

축구를 관전할 때는 이런 점에 주의

국내에서도 대단한 인기를 구가하고 있는 축구. 유럽이나 남아메리카를 비롯해 전세계에서 가장 인기 있는 스포츠로, 시즌에는 각지에서 몰려온 팬들의 열광적인 응원 속에 격렬한 시합이 열린다.

눈부신 플레이와 해외 스타디움의 분위기를 맛보기 위해서라도 누구나가 한 번쯤 경기장에 발을 들여놓고 싶겠지만, 축구에 대한 인기가 높은 나라에서 그것도 분위기가 뜨거운 라이벌 간의 게임일수록 혼자서 보러 가는 것은 바람직하지 않다.
 여성의 경우에는 반드시 누군가 다른 사람과 함께 가는 것이 좋을 것이다.
 특히 "홀리건"이라 불리는 극성 팬들의 저질적인 매너는 아주 유명한데, 어느 나라이든 팬들이 게임에 열광하기 쉽다는 데는 차이가 없다.
 이상적으로 흥분한 팬들 간의 트러블로 인해 사상자가 나왔다는 뉴스도 심심치 않게 접하게 된다.
 그러므로 관전하러 가는 경우에는 주위 사람들이 어떤 팀의 팬들인지를 눈여겨보고, 괜히 상대방의 팀을 응원하거나 하여 그들의 노여움을 사는 일이 없도록 조심해야 할 것이다. 그리고 위험을 느꼈을 때는 신속하게 물러나는 것이 안전하다.
 게임이 끝난 후에는 흥분한 팬들끼리 경기장 주변에서 패싸움을 벌이는 일이 많으므로, 일찌감치 물러나올 것.

사진을 찍을 때 주의할 점

함께 사진을 찍고 싶다고 부탁하려면

여행지에서 알게 된 사람과 기념으로 함께 사진을 찍고 싶을 때, "함께 사진을 찍어 주세요"를 직역하여 "Please take a picture with me"라고 말하는 사람이 있다.

그러나 이것은 올바르지 못한 표현이다. 이 말은, "나와 함께 사진을 찍는 일을 해 주십시오"라는 뜻으로써 함께 셔터를 눌러 달라는 의미로 받아들여지게 된다.

올바른 표현은 사역 동사인 "have"를 사용하여 "have a picture taken"이라는 구문을 이용한 "Could(can) I have a picture taken with you?"라고 해야 한다. 또한 "투샷"이라는 단어를 사용하여 "May I have two-shot picture with you?"라고 해도 좋다.

해외에서는 초상권을 의식할 것

우리 나라 사람들은 유달리 카메라나 비디오를 좋아하여 아무데서나 거침없이 촬영을 하는데, 비록 행락지라 하더라도 함부로 카메라를 들이대서는 안 된다. 본인은 풍경을 촬영할 생각이라 하더라도 그 곳에 사람이 있을 수 있기 때문이다.

우리 나라 사람들은 찍히든 말든 그다지 개의치 않지만, 외국인은

초상권에 대한 의식이 철저하기 때문에 아무 생각 없이 사진을 찍었다가는 초상권 운운하는 일이 생길 수도 있다. 이러한 초상권을 이용한 범죄도 있다. 귀여운 동물 등을 데리고 다가와 함께 사진을 찍어주겠다고 친절한 말로 안심시키고 촬영케 한 뒤에 "동물 초상권을 지불하지 않으면 카메라를 돌려주지 않겠다"고 고집을 피우는 사례가 그것이다.

개중에는 정말 친절한 사람도 있겠지만, 트러블을 피하기 위해서는 거절하는 것이 안전하다. 서글픈 이야기지만, 어디까지나 신중히 대처할 것.

🌏 여성은 남성에게 부탁하지 않는 것이 무난

앞에서도 말했듯이, 서양에서는 특별히 인기 배우나 프로 스포츠 선

169

수와 같은 스타가 아니더라도 사진의 초상권에 대한 의식이 뚜렷하다.

외국의 길거리에서 유달리 눈에 띄는 미녀를 보고 혹하여 무심코 셔터를 눌렀다가는 혼쭐이 날 수도 있다. 자그마한 어린아이, 공원을 산책하는 사람이 데리고 있는 강아지 한 마리까지 제 나름대로 이 권리를 주장한다 해도 불평 한마디 할 수 없다는 것을 명심해야 한다.

어쨌든 찍으려거든 "찍어도 되겠습니까?", 혹은 "찍게 해 주십시오"라고 한마디쯤 양해를 구하고 나서 행동에 옮길 것.

그러나 여성의 경우에는 아무리 잘생긴 청년이 있더라도 이러한 부탁을 해서는 안 된다. 그들은 여행의 추억거리를 위해 그 나라의 경치와 함께, 혹은 풍경의 하나로써 마을 사람들의 표정이 담긴 사진 한 장쯤 갖고 싶어하는 맘을 이해하기 힘든 모양이다. "이 여자, 혹시 나한테 맘이 있는 거 아냐?" 하고 오히려 자신을 유혹하는 것으로 받아들일 가능성도 있다.

촬영 금지 장소에서는 카메라를 보이지도 말 것

관광 여행으로 방문한 곳에서는 많은 사람들이 비디오나 카메라로 기념 촬영들을 하는데, 건물에 따라서는 관내 촬영 금지인 곳도 있으므로 주의해야 한다.

그 밖에도 국가에 따라서는 공항이나 비행기, 항구나 선박을 촬영 금지로 규정하고 있는 국가도 있다.

이러한 나라들은 대부분 어떠한 형태의 분쟁을 안고 있는 나라로, 특히 군 시설이나 경찰 시설의 촬영을 금하는 경우가 많다. 그러나 이 사실을 알고 주의했어도 그저 풍경만 찍으려던 자신의 목적과는 달리 미처 깨닫지 못한 금지 시설이 찍혀 버릴 수도 있는 일이므로 조심해야 한다.

 아프리카의 국가들은 기본적으로 공항, 항공기, 선박, 경찰서 등의 촬영을 금하고 있다. 그 근처에서는 카메라를 소유하고 있는 것이 목격된 것만으로도 터무니없는 의혹을 살 수 있으므로, 목에 걸고 다니는 등의 행동은 절대로 삼가야 한다.

 벌금, 카메라 몰수 정도로 끝나면 그나마 다행일 정도로 경계가 삼엄한 나라도 있다. 이들 나라에서 카메라는 반드시 가방에 넣고 다니자.

7장
대화를 할 때 이런 행동은 금물

나이를 묻는 것은 실례 / 결혼했는지 묻는 것은 실례 / 종교를 묻는 것은 실례 / 사례의 의미로 "아이 엠 소리"는 금물 / 상대방에게서 눈길을 돌리는 것은 불성실 / 영어를 할 줄 아는 "척" 하는 것은 삼가라 / 길을 잃었을 때는 이렇게 물어라 / 인사를 하지 않는 것은 매너 위반 / 입에 손을 대고 웃는 것은 실례 / 까닭없는 웃음은 불쾌할 따름 / 남자끼리 악수할 때는 힘차게 / 키스에 놀라지 말 것 / 왼손을 사용할 때는 요주의 / 손수건은 선물하는 것이 아니다!? / 방문한 집의 문을 함부로 여는 것은 매너 위반 / 서양의 상식, "도어 홀드"란 / 여성은 남성에게 먼저 양보하지 말라

해외에서 이런 행동은 절대 금물

나이를 묻는 것은 실례

해외 여행을 가면 현지인과 말할 기회도 많이 생긴다. 그러나 여기서 주의하지 않으면 안 될 것이 있다. 즉 국내에서 물어서 안 되는 것은 역시 외국에서도 물어서는 안 된다는 것이다.

외국에 갔을 때 영어로 자주 묻는 질문 가운데, "How old are you?"가 있다. 아무리 그래도 여성에게 물을 만큼 아둔한 사람이야 없겠지만, 상대방이 남성일 때는 아무 거리낌 없이 묻는 경우가 많은 것 같다.

그러나 어린아이야 그렇다 쳐도, 아무리 남성이라 한들 점잖게 나이를 먹은 어른이 "몇 살이나 먹었느냐?"는 질문을 받으면 당혹스러울 것임에 틀림없다.

이 예문은 중학교 영어 시간에 영어를 처음 접하면서 배우는 구문이기 때문에 입에 배어 무심코 내뱉게 되는 질문인 것 같다. 그러나 커뮤니케이션은 혼자 하는 것이 아니라 늘 상대방이 있게 마련이다. 자신이 들었을 때 곤란한 질문은 상대방에게도 묻지 않는 것이 매너이다.

결혼했는지 묻는 것은 실례

또 한 가지 해외 여행을 갔을 때 외국인을 상대로 자주 하는 질문이,

"Are you married?(결혼하셨습니까)"라는 질문이다.

그러나 상대방이 남성이든 여성이든 이런 질문을 하는 것은 실례이다. 이는 보통 우리들이 생각하고 있는 것보다 훨씬 개인적인 질문이다. 적어도 별로 친하지 않은 사람에게 할 만한 질문은 아니다. 생각을 좀 해 보라. 같은 나라 사람끼리라도 친하지 않은 사람에게 느닷없이 "결혼하셨습니까"라고 묻는 경우는 별로 없을 것이다.

"married"라고 하는 것은 정식으로 혼인 신고서를 제출한 상태를 말한다. 종교적으로 결혼식을 올리지 않으면 안 되는 경우도 포함된다.

그러나 최근에는 전세계적으로 종래의 결혼 방식에 의문을 제기하는 목소리들이 드세다. 자유스런 형태의 동거 생활을 비롯해 형식에 구애받지 않는 생활 스타일을 주창하는 사람들이 늘고 있는데, 그런 사람들에게 결혼을 했느냐 안 했느냐는 그리 큰 문제가 되지 않는다.

또한 동성 연애자들도 많이 있다. 형식이나 세상의 금기에 맞서 싸우고 있는 사람들에게 단순히 "Are you married?"라고 묻는 것은 난센스가 아닐는지.

종교를 묻는 것은 실례

우리 나라 사람들은, "What is your religion?(당신의 종교는 무엇입니까)"라든가, 상대방이 서양인일 경우에는 "Are you a Christian?(기독교 신자이십니까)" 하고 가볍게 묻곤 한다. 그러나 별로 친하지도 않은 사람에게 종교에 대해 묻는 것은 실례이다. 극히 사적인 문제이기 때문에, 불쾌한 심기를 드러낼 수도 있다.

그렇지만 힌두교 신자들은 쇠고기를 먹지 않는 등의 금기가 있기 때문에, 이에 대해 부득이 질문해야만 하는 경우도 있을 것이다. 그럴 때는 "Do you eat beef?(쇠고기는 먹습니까)"라고 물어보는 것이 좋다.

또한 특정 종교를 신봉하지 않는다 해서 간단히 "I have no religion(저는 종교를 갖고 있지 않습니다)"라고 대답하는 것도 생각해 볼 문제이다. 우리들로서는 이해하기 힘들지만, 신뢰할 수 없는 인물이라는 인상을 줄 우려가 있기 때문이다. 그럴 때는 "Buddhist(불교 신자)"쯤으로 적당히 대답해 두는 것이 무난하다.

사례의 의미로 "아이 엠 소리"는 금물

우리 나라 사람들은 어떠한 형태의 호의적인 행동이 베풀어졌을 때, 그에 대한 답례의 말로 "대단히 죄송합니다"라는 표현을 자주 사용한다. 원래 "죄송합니다"는 사과의 표현인데, 상대방에게 수고를 끼쳤거나 그 밖에 여러 가지 정신적인 부담, 자신에 대해 배려케 만든 일에 대해 사과하는 의미를 사례하는 표현으로써 이용된다.

그 때문에 "대단히 죄송합니다"에 해당하는 영어, "I'm sorry"를 답례의 말로 사용하는 우를 범하는 일이 많은데, 감사는 어디까지나 "Thank you"인 것이다.

참고로, "I'm sorry"는 "얼마나 애통하십니까"라는 의미의, 애도의 표현으로 사용되는 일도 있다는 것을 기억해 두자.

상대방과 능숙하게 대화하려면

상대방에게서 눈길을 돌리는 것은 불성실

부끄럼을 많이 타는 우리 나라 사람들은 이야기를 할 때, 상대방의 눈을 제대로 쳐다보지 못하고 힐끔거리는 사람이 많다.

그렇지만 서양에 갔을 때는, 이야기 도중에 상대방으로부터 눈길을 돌려서는 안 된다. 성실하지 못하다는 인상을 줄 수 있으므로, 자신이 이야기할 때는 정면으로 상대방의 눈을 똑바로 보면서 이야기하자. 그러나 도저히 낯간지러워 그렇게 못하겠다면 적어도 상대방의 얼굴을 보도록 할 것.

또한 상대방이 이야기할 때도 상대방의 눈이나 얼굴을 보면서 가만히 귀를 기울일 것. 물론 자기 혼자만 이야기하고 상대방의 이야기를 듣지 않는 태도도 지양해야 한다.

영어를 할 줄 아는 "척" 하는 것은 삼가라

우리 나라 사람들의 영어 콤플렉스라는 것은 가히 눈물이 날 지경이다. 길거리에 넘쳐나는 영어 회화 학원, 영어 교실, 유아 영어 스쿨까지 그 헤아릴 수 없는 학원 수가 이를 증명한다.

그러나 이 정도로 배울 장소가 많다면 대개의 사람들이 나름대로 영어를 마스터했어야 당연할 텐데, 그렇지 못한 것 같다.

그 때문인지 해외에 나갔을 때, 영어 구사 능력이 없으면서도 웬만큼 할 줄 아는 "척" 하는 사람이 있다.

 그것은 절대로 해서는 안 되는 "척"이다. 외국에 가면 이쪽은 외국인. 다른 나라 말을 모르는 것은 수치가 아니다. 그 나라의 말을 못하는 것은 당연한 것이니, 손짓 발짓 다 동원해도 좋으니까 의사를 전달하기만 하면 되는 것이다.

 괜히 아는 척했다가 횡설수설하는 결과를 만들거나, 또는 대충 넘겨 짚다가 나중에 서로 하는 말이 너무 달라 트러블을 일으키게 되면 그것이 "진짜 수치"임을 알아야 한다. 모르는 것은 모른다고 분명히 말할 줄 아는 용기가 훨씬 중요하다.

길을 잃었을 때는 이렇게 물어라

 길을 잃어버려 "여기가 어디예요?"라고 물을 때, 직역하여 무심코 "Where is here?"라고 하는 사람들도 있다. 하지만 이것은 옳지 않은 표현이다.

 이럴 때는, "Where am I?/Wher are we?"라고 해야 한다.

 here(여기)라는 단어는 대개 지도 등을 짚어 가면서 묻는 경우에 사용하는 것으로, 그 장소의 객관적인 입장이 알고 싶을 때 사용할 수 있다.

 또한 사람에게 장소를 물을 때는, 느닷없이 "Where am I?"라고 묻는 것은 좋지 않다. "Excuse me. I'm afraid I'm lost. Would you tell me where I am?(죄송합니다. 제가 길을 좀 잃은 것 같은데요. 여기가 어딘지 가르쳐 주시겠습니까?)"와 같이, "Excuse me"라는 말로 시작하여 길을 묻도록 하자.

인사를 하지 않는 것은 매너 위반

영어권에서는 국내에 비해 훨씬 매너가 까다롭기 때문에, 인사에 크게 구애받는 국가가 많다. 예를 들어 가게에서 점원에게 "하이!" 하는 말을 듣고 전봇대처럼 가만히 서 있으면 안 된다.

"하이!"나 "헬로" 하고 이쪽에서도 인사를 하는 것이 매너이다. 레스토랑에 들어갈 때나 계산대에 전표를 가지고 갔을 때, 또한 버스 운전사에게도, 언제 어디서든 사람을 만났을 때는 "하이!" 하고 인사하는 것이 기본이다.

길에서 사람과 접촉했을 때는 "Excuse me"라는 말을 하고, 부딪치거나 발을 밟았다면 "Sorry"라는 말로 사과할 것.

여하튼 사람을 만나거나 얼굴을 마주쳤을 때는 어떠한 인사말이라도 꺼낼 수 있도록 하자.

이렇듯이 인사란 영어권에서는 자신에게 적의가 없다는 것을 증명하는 것이기도 하다. 안전하게 여행을 하기 위해서는 밝게 인사하는 것을 절대로 잊어서는 안 된다.

이런 행동은 요주의

👤 입에 손을 대고 웃는 것은 실례

간혹 우리 나라 여성 중에는 웃을 때 손을 입으로 가져가는 사람이 있다.

그렇지만 이렇게 웃는 것이 우리 나라에서야 정숙해 보일는지 몰라도 외국에서는 절대로 삼가야 할 행동이다.

실은 이러한 동작을 "악마의 속삭임"으로 부르는 나라도 있기 때문이다. 짐짓 점잔 빼면서 이런 식으로 웃는다면 계산 착오도 이만저만한 계산 착오가 아니다. 외국에서는 손으로 입을 가리고 웃는 것은 절대 금물이라는 것을 기억해 두자.

👤 까닭없는 웃음은 불쾌할 따름

아무때나 빙글거리며 웃는 것은, 외국인에게 실없는 사람이라는 인상밖에 주지 못한다. 그들에게 있어 "아무런 이유 없이 웃는 얼굴"이란 있을 수 없다. 웃는 얼굴에도, 웃음에도 분명 의미가 있는 것이다.

그렇기 때문에 혹시 곤란하거나 당혹스럽더라도 빙싯빙싯 웃어넘기는 것으로 해결하려 해서는 안 된다.

또한 살랑살랑 간살대는 웃음도 불쾌함만 안겨 줄 뿐이다. 이성을 향해 빙글빙글하다가는 엉뚱한 오해를 사기 십상이니, 아무 이유 없이 웃는 일이 없도록 하자.

남자끼리 악수할 때는 힘차게

국내에서는 악수라는 행위가 아직 익숙지 않은데, 해외에서 악수는 친근한 정을 표시하는 사인으로써 중요한 인사 중의 하나이다. 따라서 상대방이 손을 내밀었을 때는 거부해서는 안 된다.

그리고 이때 주의해야 할 것이 손을 쥘 때의 강도이다. 개중에는 상대방을 아프지 않게 하려는 배려에서인지 손을 살짝 잡는 사람이 있는데, 이것은 바람직한 악수가 아니다. 남자끼리 악수를 할 때는, 힘있게 잡을수록 친애를 표시하는 뜻이 되는 것이다.

상대방의 엄지가 시작되는 부분에 자신의 엄지가 시작되는 곳을 누르듯이 하여 힘차게 흔드는 것이 좋다.

단, 상대방이 여성인 경우에는 너무 힘을 주어서는 안 된다. 상대방을 다정스럽게 생각하는 기분을 담아 부드럽게 쥐도록 하자.

키스에 놀라지 말 것

미국이나 유럽엘 가면 비단 연인 사이가 아니더라도 부자연스러움 없이 키스하는 장면을 많이 볼 수 있다. 익숙지 않은 동양인에게는 자극적일 수 있는 광경이겠지만, 이에 놀라서는 안 된다.

그들에게 있어 키스란 커뮤니케이션의 수단이며, 하나의 스킨십에 불과하다. 잠자리에서 일어났을 때나 잠들 때, 만났을 때, 헤어질 때 등 생활의 여러 장면에서 키스를 주고받게 되고, 이는 또한 극히 당연한 일인 것이다. 어디까지나 "문화의 차이"일 뿐이므로, 자신이 키스를 받았을 때도 거부하지 말고 응하도록 하자.

왼손을 사용할 때는 요주의

우리 나라 사람들은 오른손과 왼손에 별 차이를 두고 있지 않지만, 해외에 나갔을 때는 왼손의 사용에 주의해야 한다.

대부분의 아시아 국가들은 이슬람교나 힌두교, 불교, 가톨릭 등, 종교에 따라 왼손을 부정한 것으로 생각하는 경향이 있다. 그러므로 왼손으로 물건을 주고받는 것은 물론 기타 왼손을 사용한 행동을 삼가야 한다.

또한 검지로 사람이나 물건을 가리키는 것도 실례에 해당하는 행위이다. 어린아이의 머리를 "귀엽다"고 쓰다듬을 때도 반드시 오른손으로 해야 한다.

단, 종교에 따라서는 머리를 쓰다듬는 행위 그 자체가 꺼림칙한 행위로 받아들여지는 경우도 있으므로, 그런 행위 자체를 피하는 것이 무난하다.

  왼손잡이인 사람에게는 부자유스러울 수도 있으나 상대방이 어떤 종교인지 판단할 수도 없는 노릇이니, 가능한 한 왼손의 사용은 자제하는 것이 좋다.

국내의 상식은 통하지 않는다

손수건은 선물하는 것이 아니다!?

개인에 따라 습관이 다르듯이, 나라에 따라서도 천차만별이다. 국내에서는 당연한 일이 외국에서는 트러블의 원인이 되기도 하고, 호의적인 마음에서 보낸 선물이 나쁜 의미로 해석돼 버리는 일도 있다.

몰랐다는 말로는 용납되지 않으므로, 선물을 보내기 전에 현지인이나 가게 종업원들에게 물어보고 사는 것이 좋을 것이다.

예를 들어 홍콩에서는 손수건을 선물하면 안 된다고 하는데, 손수건은 "안녕"을 뜻하기 때문이라고 한다. 또한 자명종 시계도 좋지 않다. 이는 "죽은 자를 보낸다"는 의미가 될 수도 있기 때문이다.

방문한 집의 문을 함부로 여는 것은 매너 위반

현관 입구에서 차임벨을 눌러 본다. 안에서 아무런 응답이 없을 때는 "실례합니다" 하고 문을 열어 직접 소리를 질러 본다…… 남의 집을 방문할 때 흔히 볼 수 있는 모습이지만, 최근에는 아파트 생활이 늘어난 탓인지 그렇게 흔하게 볼 수 있는 광경은 아니게 됐다.

특히 시골에서는 앞집 옆집이 모두 친척과 같은 사이라서 "실례……" 하는 소리가 나올 때쯤이면 이미 집 안에 들어가 있는 경우가 태반이다.

그러나 이런 식으로 남의 집에 방문하는 것이 외국에서는 통용되지 않는다. 비록 방문하기로 미리 약속을 정해 둔 상태이고, 상대방이 집 안에 있다는 것을 알고 있다 하더라도 문의 손잡이에 손을 대는 자체가 허용되지 않는다. 하물며 함부로 문을 열고 들어갔다는 어떤 오명을 뒤집어쓰게 될지 모를 일이다.

서양의 상식, "도어 홀드"란

서양에서는 스윙 도어(역주 : 경첩문, swing door) 등을 지날 때, 대개는 앞사람이 문을 잡아 준다. 이때 "고맙다"는 말을 하면서 자신만 쏙 빠져 나와서는 안 된다.

앞사람이 뒷사람을 위해 문을 잡아 주는 도어 홀드라는 행위는 서양에서는 당연한 매너이다. 자기만 서비스를 받은 채 뒷사람을 무시하고 그냥 지나간다면 파렴치한 인간으로 몰려도 할 말이 없는 것이다. 상대방이 문을 잡아 주었으면 다음은 자신이 다음 사람을 위해 잡아 주는 것이 상식이다.

시치미 뚝 떼고 재빨리 그냥 지나치려는 얌체 같은 생각은 꿈도 꾸지 말자.

여성은 남성에게 먼저 양보하지 말라

무슨 일에서나 남성 우선의 역사가 오랜 우리 나라 사람들에게 서양의 레이디 퍼스트란 습관은 어쩐지 쑥스럽게 마련이다.

그러나 외국에서는 이야기가 다르다. 입구 등에서 남성에게 "애프터 유"(당신 먼저)하고 양보를 받았다면, "아니에요, 그쪽 먼저" 하는 등으로 다시 양보해서는 안 된다. 여성이 그런 행동을 취하면 양보한 남성이나 주위에 있는 사람 모두가 곤혹스러워할 것이기 때문이다.
　익숙지 않은 "레이디 퍼스트"이지만, 여왕이 된 기분으로 당당히 받아들이자.

8장
컨디션 유지를 위해 이런 행동은 금물!

출발 전에 과로하는 것은 절대 금물 / 건강한 사람도 충분한 건강 대책을 / 지병이 있는 사람은 반드시 의사와 상담한 후에 / 평소에는 복용하지 않더라도 영양제는 가지고 갈 것 / 새 구두를 신고 여행을 떠나는 것은 금물 / 콘택트 렌즈를 착용하는 사람도 안경은 가지고 가야 / 열사병은 모자만으로 막을 수 없다 / 뙤약볕을 우습게 보았다가는 혼이 날 수도 / 피서 대책만으로는 불충분 / 현지에 도착해서 낮잠을 자는 것은 금물 / 여행 중의 수면 부족은 위험 / 투어 일정에 얽매이지 말 것 / 현지의 식사를 억지로 계속하지 말 것 / 서양에 가서 고기만 먹으면 안 된다 / 목이 말라도 물을 벌컥벌컥 마시는 것은 금물 / 배에 승선하기 전에 식사는 어떻게 해야 할까? / 갑작스런 복통, 자가 진단은 위험 / 급작스런 병으로 병원에 갔다면 과장하여 표현하라 / 입원·수술이 필요한 경우에는 / 건조한 방에서 자는 것은 금물 / 이국 땅을 맨발로 걷지 말라 / 고산병을 예방하려면 / 현지의 화장품은 함부로 바르지 않는 것이 무난

출발 전에 주의할 점

🌸 출발 전에 과로하는 것은 절대 금물

　바쁜 업무 가운데서도 어떻게든 틈을 내어 여행에 나서 보려는 사람들이 범하기 쉬운 우가 있다. 즉 휴가 동안의 일을 앞당겨 끝내기 위해 몰아서 일을 하는 행위가 그것이다.
　나름대로 사회인으로서의 책임을 완수하려는 것이므로 이것을 두고 나무랄 수는 없는 일이지만, 한계를 넘어선 과로는 피해야 한다.
　"난 문제없어. 괜찮을 거야" 하고 건강을 낙관하는 사이에 육체는 이미 지칠 대로 지쳐 가까스로 탄 기내에서 까라져 버리는 것이다. 그저 죽은 듯이 자는 정도라면 그나마 다행이지만, 심근 경색과 같은 발작이 일어나기라도 하면 사태는 돌이킬 수 없는 양상을 띠게 된다. 투어에 참가하는 경우라면 여행 안내원이나 동행자에게 피해를 주게 될 뿐만 아니라 항공사에서도 난감한 일이다. 이륙한 순간에 건강 이상자가 발생하게 되면 비행기는 본국으로 되돌아가야만 할 수도 있어, 결국 탑승자 모두에게 영향을 미치는 최악의 사태도 예상할 수 있다.
　바쁜 가운데 짬을 내어 떠나는 여행인 만큼, 몸이 건강해야 맘도 즐겁고, 그래야 묵은 스트레스도 다 날려 버릴 수가 있을 것이다. 과로는 중증의 증상이 아니더라도 감기나 감염 등의 원인이 되기도 한다.
　평소의 절제된 행동, 육체 단련과 더불어 출발 전의 업무 일정에는 여유를 두도록 하자.

🌸 건강한 사람도 충분한 건강 대책을

"나는 건강하니까" 하고 해외 여행에 나서면서 질병 대책에 거의 무방비한 사람이 있는데, 자만은 불의의 사고를 부를 수도 있다.

시차나 긴장, 수면 부족, 영양 부족 등, 여러 가지 원인으로 인해 건강한 사람조차 병이 나는 일이 적지 않다.

우선 감기약이나 위장약 등 평소에 복용하는 약은 국내에서부터 지참하는 것이 좋다. 해외에서 약을 구입하려면 의사의 처방전이 필요하고, 원하는 약을 입수한다는 것이 그리 용이치만은 않기 때문이다.

또한 의사의 진단이 필요해질 때 당황하지 않도록, 증상이나 정상 혈압, 혈액형 등은 영어로 말할 수 있도록 대비해 두어야 한다. 한편 여행 상해 보험 24시간 해당 국가 언어 지원 서비스 센터에 연락하여 지시를 받는 것도 괜찮다.

🌸 지병이 있는 사람은 반드시 의사와 상담한 후에

몸에 어딘가 불편한 곳이 있다는 이유만으로 해외 여행이 불가능한 것은 아니다. 지금은 시스템의 발달로 신체 장애자도 질 좋은 서비스를 받을 수 있고, 암과 같이 상당히 부담스러운 수술을 받은 사람도 의사와 동행하여 투어에 참가해 건강 회복에 효과를 보기도 하는 시대이다.

단, 당뇨병이나 고혈압 등의 지병으로 약제를 투여받고 있는, 건강 상태가 불안정한 사람이 출발 전에 건강 진단도 받지 않고 멋대로 여행에 나서는 것은 위험하다. 상비약은 가지고 있겠다. 그렇다고 현지

의사의 진찰을 받는 것이 불가능한 것도 아니지만, 그래도 확실히 일정을 알려 어드바이스를 받아 두어야 한다.

보다 확실을 기하고자 한다면 건강 진단 결과를 영문 카르테로 번역해 달래서 지참하면 안심할 수 있다.

식생활, 행동 시간대와 그 리듬이 일상과는 전혀 다르고, 게다가 기후 풍토도 다를 뿐더러 시차까지 존재하는 땅에서는 건강한 사람조차 생병을 얻어 고생하기 쉽다. 그런 만큼 지병이 있는 사람이라면 더 한층 주도면밀하게 준비하여 안전 여행을 꾀해야 하는 것은 당연하다.

평소에는 복용하지 않더라도 영양제는 가지고 갈 것

여행지에서 몸에 이상이 생겼을 때를 대비하여 가져가는 내복약은 대개 두통약, 해열 진통제, 위장약, 배탈이 났을 때를 대비한 정장제나 지사제, 만일의 상황에 대비한 종합 감기약 등, 어느 가정에서나 볼 수 있는 상비약일 것이다.

그러나 여행지에서는 긴장과 흥분으로 인해 자각 증상이 없는 때가 있다. 그러다가 우연히, 먹은 것이 몸에 맞지 않거나 하면 일시에 심각한 양상으로 치닫곤 한다.

그러므로 평소에는 복용하지 않는 사람이라도 비타민제나 영양제 하나쯤은 가져가고, 이것을 정기적으로 복용해야 한다.

체력이 떨어져 감기에 걸릴 수도 있는 상황을 예방해 줄 뿐 아니라, 무엇보다 귀국하고 나면 한꺼번에 밀려들게 되는 피로의 정도가 확연히 달라지게 된다.

모든 약을 다 놓고 가더라도 이 영양제만큼은 절대로 잊지 말라고 단언해도 좋을 만큼, 크게 도움이 될 것이다.

새 구두를 신고 여행을 떠나는 것은 금물

해외 여행을 떠나면서 양복도 새로 마련하고 구두도 번쩍번쩍 광이 나는 새것을 신고 나서는 사람이 드물지 않다. 양복이야 그렇다 쳐도 구두까지 새것을 마련하여 신고 가는 것은 미련한 짓이다.

여행 중에는 평소보다 훨씬 많이 걸어다니기 때문에, 발에 익지 않은 구두를 신었다가 자칫 발뒤꿈치가 까지기라도 하면, 여행 내내 따라다니는 통증 때문에 즐거워야 할 여행이 자칫 괴로운 수행으로 기억되고 말 것이다.

아무리 멋지고 아름답고 고급스런 구두라 하더라도 발에 익지 않은 새 구두는 여행에 적합치 않다. 오래 신어 발에 편안한 구두로 떠나자.

콘택트 렌즈를 착용하는 사람도 안경은 가지고 가야

시력이 좋지 않은 사람이 시력을 보강하는 용품, 즉 콘택트 렌즈나 안경은 이를테면 신체의 일부나 다름없다. 그렇기 때문에 어디를 가든 이것을 잊어버리고 가는 사람은 없겠지만, 해외 여행에 갈 때는 특별히 예비로 하나 더 준비하는 것이 좋다.

그래도 여기서 특히 "안경을 잊지 말라"고 하는 것은 콘택트 렌즈를 사용하는 사람에 대한 경고이다.

콘택트 렌즈를 늘 착용하는 사람에게 굳이 안경을 잊지 말라고 충고하는 이유는 이국의 땅에서 눈이 아프지 말라는 법도 없거니와 콘택트 렌즈를 낄 수 없는 만일의 사태가 있을 수도 있기 때문이다.

비록 조그만 상처라 하더라도 억지로 콘택트 렌즈를 끼게 되면 각막 미란, 각막염 등을 일으켜 의사의 진찰이 필요해질 수도 있고, 더 심각할 경우에는 각막 궤양으로 실명을 할 수도 있다.

또한 기후 변화와 비행기, 호텔 등 냉난방기가 가동되는 장소에서 보내는 시간이 많기 때문에, 건각결막염에 걸리는 일도 있다.

그럴 때, 눈에 약간의 이상을 느낀 시점에서 우선 당장 급한 불을 끌 수 있는 안경이 있으면 보다 심각한 증상으로 악화되는 것을 막을 수 있다.

피서 대책

🌀 열사병은 모자만으로 막을 수 없다

남국의 휴양지에 갔을 때는 열사병에 주의해야 한다. 모자를 써야 하는 것은 당연하지만, 이것만으로는 미흡하다. 강렬한 햇볕 아래 오래 있는 경우에는 모자만으로 예방이 될 수 없기 때문이다.

따라서 모자 외에 타월을 1장 준비해 가면 좋다. 이것을 물에 적셔 머리에 얹고 그 위에 밀짚 모자를 쓰면 효과적이다. 천으로 된 모자를 물에 적셔 쓰는 것도 괜찮다.

의복에도 또한 세심한 배려가 필요하다. 반바지, 반소매 차림으로 직사 광선 아래에 서 있는 것은 위험하므로 피하고, 가급적이면 열을 흡수하지 않는 흰색 계열의 옷을 입되 긴 소매를 입도록 하자. 스커트도 가능한 한 긴 것으로 입자.

🌀 뙤약볕을 우습게 보았다가는 혼이 날 수도

큰맘 먹고 남국 섬나라까지 왔는데 이왕이면 실컷 살을 태워 가야지 하는 욕심으로, 뙤약볕이 내리쬐는 해변에서 아무 대책 없이 뒹구는 일이 있어서는 안 된다.

햇볕의 강도가 상상 이상으로 세기 때문에, 맨살을 장시간 햇볕에 노출시키게 되면 순식간에 화상을 입어 물집이 생길 수 있다. 심한 경

우에는 고열이 나면서 탈수 증상을 일으키기도 한다.

달아오른 몸을 식히려고 에어컨을 세게 틀고 자는 사람이 있는데, 이것도 또한 위험스럽다. 지나치게 낮은 온도 때문에 감기에 걸려 남은 일정을 꼼짝없이 호텔 침대 신세만 지다가 돌아가야 하는 불상사를 만날 수도 있기 때문이다.

해변에서는 선탠 오일이나 자외선 차단제를 골고루 피부에 바르고, 햇볕에 탄 피부에는 로션 등을 발라 애프터 캐어도 철저히 하도록 하자. 국내에서 일부러 챙겨 가지 않아도 현지에서 좋은 제품을 골라 이를 이용하면 된다.

피서 대책만으로는 불충분

남태평양 섬에 가서 한가롭게 바람이나 쐬다 올까! 아니면 큰맘 먹고 남아프리카에 가서 동물 왕국 탐험을? 그것도 아니면 동남아시아에 가서 골동품을 찾아보는 것도…….

　더운 지방으로 여행을 계획하는 사람들은 자외선 차단 크림이나 통풍이 잘 되는 셔츠, 모자, 파라솔 등, 자칫 피서 용품 준비에만 혈안이 되게 마련이다. 그러나 그것만으로는 불충분하다. 잊어서는 안 될 것이 실은 방한 대책이다.

　물론 기온은 높고 햇볕은 따가우며 문 밖은 덥다. 그런 만큼 호텔 내부는 에어컨을 세게 틀어 방안을 얼음장처럼 만들기 일쑤다. 시원하게 하는 것이 아니라 말 그대로 얼린다는 표현이 딱 맞을 정도이다. 또한 그렇게 하는 것이 고객에 대한 최고의 서비스라고 생각하는 것은 비단 호텔뿐만 아니라 레스토랑이든 어디든 마찬가지이다.

　냉방을 일류의 증거로 생각하는 개발 도상국도 있는데, 실은 지나친 더위보다도 오히려 기계적인 조작에 따른 추위가 더 몸에 부담이 간다는 사실을 간과하고 있는 것 같다. 긴 소매의 카디건이나 재킷 정도로는 부족하므로, 보다 확실한 방법을 택하고자 한다면 일회용 난로를 지참해 가는 것이 좋다.

여행에 지치지 않으려면

🐚 현지에 도착해서 낮잠을 자는 것은 금물

지리적으로 상당히 떨어져 있음에도 불구하고 호주 여행이 인기를 끌고 있는 것은 어쩌면 시차가 별로 없기 때문에 몸에 큰 무리가 따르지 않는다는 점이 호응을 얻고 있는 것인지도 모른다. 그럴 정도로 외국에 나갈 때는 시차로 고생하는 사람이 많다.

동으로 돌고 서로 돌아 결국 종착지가 유럽이나 미국인 경우에는 적어도 10시간 가까운 시차가 발생해 주야가 완전히 뒤바뀌는 일도 있다. 게다가 출발 전의 부산함, 좁은 기내에서 오는 답답함으로 잠을 설치게 되면 현지에 도착한 날은 초죽음이 된다.

"아, 이대로 쓰러져 자고 싶어!" 하고 외치고 싶을 만큼 피로할 수도 있다. 그러나 여기서 잠을 자게 된다면 오히려 시차 적응에 더 어려움을 겪게 된다. 어쨌든 그 나라의 땅을 밟은 이상, 밤이 올 때까지는 자지 않는 것이 좋다. 현지에 도착했을 때부터 도착한 곳의 시간에 맞추어 몸을 단련시키는 것이 시차에 장시간 시달리지 않아도 되는 최대의 포인트이다.

🐚 여행 중의 수면 부족은 위험

"모처럼 해외까지 와서 일찍 잠을 자다니 너무 아깝잖아. 놀 수 있

을 때까지 놀아야지……" 하고 무의식중에 기분이 한껏 고조되어 제 페이스를 잃는 사람도 있을 텐데, 여행 중에는 수면 부족이 되지 않도록 한층 더 조심해야 한다.

낯선 곳으로 떠나는 여행은 가뜩이나 긴장과 흥분으로 피곤하게 마련이다. 하물며 해외 여행의 경우에는 시차까지 존재하므로, 설상가상이라 함은 이런 경우를 두고 하는 말일 것이다. 현지의 기후 변화, 즉 추우냐 더우냐 하는 문제서부터 컨디션을 잃고 병이 날 수 있는 요소는 충분하다.

여행 중이야말로 수면 시간을 확실히 챙겨 무리없이 일정을 계획할 수 있도록 명심해야 한다. 모처럼의 여행이 병 때문에 엉망이 되지 않도록 섭생에는 아무쪼록 주의하자.

투어 일정에 얽매이지 말 것

패키지 투어에 참가할 때, 그 투어를 선택하는 기준은 무엇인가.

때마침 한 번 가 보고 싶은 지역이었다든가, 기간이 휴가를 잡기에 딱 좋았다든가, 비용이 적당했다는 등, 그 이유는 사람마다 다를 것이다.

이렇게 참가한 투어는 관광으로 꼭 한 번 가 보고 싶은 곳일 수도 있고, 그냥 지나쳐도 별로 아까울 것 없는 곳일 수도 있다. 패키지 투어의 경우, 개인 각자의 취향보다는 모두가 통일적으로 정해진 코스를 따라 움직이게 되기 때문에, 기대하고 있던 장소의 인상이 오히려 흐려질 수도 있다.

따라서 신체적 컨디션, 흥미 여하에 따라, "이 곳을 보는 것은 그만두겠어요. 좀 지쳐서 그러니 버스 안에서 쉬고 있을 게요" 하는 정도의 용기가 없으면 안 된다. 그것이 스스로의 융통성 있는 여행을 연출하는 요령이라고도 할 수 있다.

안에서 기다리고 있던 사람에게, "못 보게 돼서 안됐군요" 하며 친절하게 말해 주는 동행자가 있더라도 신경 쓸 필요는 없다. 비록 패키지라 하더라도 자신만의 여행을 즐기고 싶은 욕심을 이러한 면에서 발휘할 수 없다면, 해외 여행을 하는 의미는 없는 것이다.

먹거리·마실거리, 이 점에 주의

현지의 식사를 억지로 계속하지 말 것

여행지에는 가는 곳마다 맛있는 먹거리가 즐비해 무심코 과식하게 되는 일도 적지 않다.

그러나 국내 전통식이라면 매일같이 잔뜩 먹어도 탈이 나지 않는 사람도 해외의 기름진 식사를 계속하다 보면 아무래도 위에 부담이 가게 된다. 이럴 때는 절대 무리해서 먹으면 안 된다. "모처럼 해외에 나왔는데" 하고 억지로 현지의 식사를 계속하게 되면 위가 무거워지거나 아프게 된다.

때문에 해외에 나갈 때는 김치, 밥, 차와 같은 음식을 가지고 가는 것이 좋다. 조금이라도 위에 부담을 느꼈다면 밥과 김치로 깔끔하게 식사를 끝내고 차를 마시자.

이렇게 하면 다음날은 거뜬할 것이다. 전자 렌지에 데우기만 하면 되는 밥이 시중에 나와 있으므로, 이를 이용하면 편리하다.

서양에 가서 고기만 먹으면 안 된다

서양에서는 육류 요리가 풍부하고 게다가 국내보다 훨씬 저렴한 가격으로 맛있게 먹을 수 있다는 점에서, 서양으로 여행을 하는 사람들 중에는 "이때다" 라는 듯이 고기 요리만 탐닉하는 사람이 있다.

그러나 아무리 여행 중에만 가능한 일이라고 해서 육류 요리를 과식하는 것은 좋지 않다. 동양인의 장은 서양인에 비해 길기 때문에 육류를 지나치게 섭취하면 몸에 이상을 초래하게 된다.

그뿐만 아니라 여행 중에는 피로 때문에 위장이 약해져 있게 마련이어서 위장에 부담을 줄 수 있는 육류는 가급적 피하고, 평소보다 더 많은 야채를 섭취할 수 있도록 노력해야 한다.

참고로, 맥주나 주스 등, 수분의 지나친 섭취도 위장을 차갑게 만들기 때문에 피해야 한다. 열대나 아열대 지방에서는 그 지역에서만 나는 맛있는 과일들이 거리에 진을 치고 기다리겠지만, 이러한 과일도 위장을 차게 만드므로 과식하는 것은 좋지 않다.

위장이 차가워지면 피곤해지기 쉬울 뿐 아니라 병도 나기 쉬우므로, 결코 과식하거나 과음해서는 안 된다.

목이 말라도 물을 벌컥벌컥 마시는 것은 금물

해외 여행을 앞두고 가장 많이 듣게 되는 충고는, 어느 나라를 가든 생수는 마시지 말라는 것일 것이다. 레스토랑에서 물 하나를 마시려 해도 요금을 지불해야 하는 상황이다.

여행지에서 여기저기 돌아다니다 보면 땀도 나고 목도 마르게 마련. 그럴 때를 대비해 미네랄 워터 한 병쯤은 필수품인데, 그 물도 급하게 벌컥벌컥 마시는 것은 좋지 않다. 땀은 수분과 함께 나트륨이나 칼륨 등도 빼앗아 간다. 미네랄 워터이니까 안심할 수 있을 것 같지만, 체내의 미네랄 밸런스가 깨지기는 마찬가지이다. 찬물은 마셔 봐야 갈증이 해소되기는커녕 오히려 갈증을 부추겨 벌컥벌컥 마시게 되기 쉽고, 그로 인해 배탈이 나는 수도 있다.

가능하면 뜨거운 차를 시간을 들여 천천히 식혀 가며 마시는 것이 갈증 해소에 도움이 된다는 것을 기억해 두자.

🐚 배에 승선하기 전에 식사는 어떻게 해야 할까?

남쪽 휴양지의 섬 순례나 해가 지는 해변을 배로 순회하는 등, "뱃놀이"도 나름대로 해외 여행에서 즐겨 볼 만하다.

단, 소형 선박의 경우에는 파도의 영향을 크게 받기 때문에 배가 흔들리면 심하게 멀미가 날 수 있으며, 파도가 잠잠한 경우라도 배에 흔들리며 오래 있다 보면 왠지 모르게 속이 메스꺼워지는 일이 많다.

배에 탄다는 것을 미리 알았다면, 우선 그 전에 식사를 어떻게 취할 것인가 하는 것에서부터 주의를 해야 한다.

그네만 타도 속이 안 좋아질 정도로 멀미에 약한 사람이라면 아무것도 먹지 않는 것이 좋을지도 모른다. 보통 사람이라도 소화가 잘 안 되는 음식이나 기름진 요리는 피해야 한다.

단, 멀미가 났을 때 위장에 아무것도 없으면 토하고 싶어도 토할 것이 없어 위액이나 담즙과 같은 쓴 것이 올라와 오히려 괴로울 수 있으므로, 수분만큼은 충분히 섭취해 두는 것이 좋다.

그리고 심각한 배멀미를 하게 됐을 때는 이것저것 볼 것 없이 토할 수 있는 만큼 토하는 것이 최선의 방법이다.

병에 걸렸다, 자 어떻게 하지

🍀 갑작스런 복통, 자가 진단은 위험

여행지에서 갑자기 배가 아플 때는 자기 혼자 적당히 판단하여 처치하려 해서는 안 된다. 배를 따뜻하게 하거나 차게 해 보는 등, 나름대로 방법을 찾으려는 사람이 적지 않다. 그러나 복통의 경우에는 원인에 따라 치료법도 다르다. 때문에 치료를 잘못 하게 되면 점점 더 증상을 악화시킬 수도 있다.

복통을 느꼈다면, 우선은 허리띠 등을 느슨하게 풀고 배를 편하게 하여 잠시 동안 안정을 취하는 것이 중요하다. 물이나 먹을 것은 삼가고 양상을 지켜보도록 하자.

통증이 몹시 심할 경우에는 의사의 진찰을 받아야 한다. 또한 배가 땡땡하거나 걸을 때 뒤꿈치에 통증이 느껴지면, 혹은 손으로 배를 누르고 탁 놓았을 때 치닫는 듯한 통증이 느껴지면 복막염을 의심해 볼 수 있다. 그럴 때는 곧바로 병원으로 가자.

🍀 급작스런 병으로 병원에 갔다면 과장하여 표현하라

"단순한 식중독이겠지" 하고 생각했는데 설사와 구토가 점점 심해지고 이제는 열도 난다 하는 단계라면, 더 이상 지체할 것 없이 병원으로 달려가자.

동행자가 피를 토하거나 갑자기 정신을 잃고 쓰러져 의식 불명 상태에 빠졌다면, 이도 촌각을 다투어야 할 긴급 사태이다. 그럴 때는 구급차를 부르는 것이 가장 좋다. 하지만 그럭저럭 차를 잡아 혼자서 갔다 하더라도 급작스런 병으로 생사에 관계된 사태라면, 다소 과장스러울 정도로 표현해야 한다. 그렇지 않으면 여간해서 진찰받기 힘들 수도 있다.

미국과 영국을 중심으로 병원은 예약제로 운영되는 곳이 많으며, 응급실이라 해도 운반돼 오거나 찾아오는 응급 환자의 증상을, 의사나 간호사가 가장 긴급하다고 판단한 환자서부터 처치해 나간다. 다소곳이 있다가는 긴급 여부의 판단만 받는데도 긴 시간을 기다려야 한다.

얼마나 긴급한 상황인가 하는 것이 제대로 전달되지 못하면, 주사 한 대면 나을 수 있는 병도 장기간의 치료를 요하게 돼, 결국 여행을 중단해야 할 처지에 빠지게 될 수도 있다.

입원·수술이 필요한 경우에는

여행지에서 병이 나는 것만큼 곤혹스런 일도 없을 것이다. 보험을 들어 놓았다면 비용에 대해서는 걱정하지 않아도 되겠지만, 어학에 웬만큼 자신 있는 사람도 전문적인 의학 용어로 증상을 설명하거나 제대로 치료 방법에 대해 이야기를 나누기란 쉽지 않을 것이다.

바이러스 감염 등으로 입원이 길어지거나 다소 움직이기가 부자유스러울 때는 현지의 대사관에 연락하여 어드바이스나 원조를 받는 등 신중하게 대처하도록 하자.

특히 개발 도상국의 의료는 약품 부족을 비롯하여 백신 접종, 수혈 등에 많은 문제를 안고 있어 신뢰하기 힘든 경우가 많다. 그러므로 제대로 된 병원을 소개받는 등의 조치를 취하는 것이 좋다.
    또한 수술이 필요할 때는 현지에서 처치를 받는 상황은 피해야 한다. 본국으로 즉시 귀국할 수 있는 선에서의 치료를 받든지, 적어도 선진국으로 옮겨 그 곳에서 수술을 받을 수 있도록 교섭할 것.
    어지간한 긴급 사태가 아니라면 여행지에서 수술을 받는 것은 피하고, 본국으로 돌아가 환자 동의서를 확실히 받은 후에 안심하고 치료에 전념하도록 하자.

현지에서 강구할 수 있는 예방책

🍬 건조한 방에서 자는 것은 금물

만병의 근원으로 일컬어지는 감기는 바이러스성이 대부분으로, 평소에는 아무것도 아니지만 수면 부족이나 피로가 누적됐을 때 감염되기 쉽다.

게다가 기내에서 장시간을 보내거나 호텔에 있는 시간이 길어지면 건조한 공기, 순환되지 않는 공기 속에 오래 갇혀 있게 되기 때문에 감염의 우려는 더 크다.

차로, 비행기로, 바깥 공기 속으로, 그러다가 다시 냉난방기가 가동되는 건물 속으로…… 이동할 때마다 겪게 되는 기온의 변화에 대응할 수 있도록 간편하게 입고 벗을 수 있는 옷을 준비하거나, 건조한 공기로부터 목을 지킬 수 있도록 사탕을 가져가 빨아먹는 것도 좋다.

또한 호텔에서 방안의 공기가 너무 건조할 때는 욕조에 물을 받아 습기를 실내에 주입하는 것도 한 가지 방법이다. 건조한 공기가 신경 쓰인다면 그대로 참고 자서는 안 된다.

🍬 이국 땅을 맨발로 걷지 말라

이국 땅을 맨발로 걸어서는 안 되지만, 괌이나 하와이의 해변에서조차 그러지 말라는 것은 물론 아니다. 그것은 아직 인간의 손길이 닿지 않은 살아 있는 대자연과 접하기 위해 아프리카나 남미 대륙의 오지로 떠날 때 해당되는 금기 사항이다.

　기분 좋을 만큼 촉촉하게 수분을 머금은 흙, 강바닥까지 들여다보일 정도로 말갛게 흐르는 물을 보면 문득 어린 시절로 돌아가 싸늘한 흙의 감촉이나 미지근한 물 속에 담근 발의 감촉을 되새겨 보고 싶은 것도 무리는 아니다.

　그러나 생각해 보면 이름도 모르는 수많은 기생충, 그리고 거기에서 전염되는 질병 등 무시무시한 것들로 가득 찬 것이 또한 자연의 모습이기도 하다.

　어떤 병원체가 숨어 있을지 모르는 곳을 맨발로 마구 밟고 돌아다닌다는 것은, 실로 무서운 것이 무엇인지 모르는 행위이다.

　맨발로 다니는 것은 절대로 피해야 할 뿐 아니라 이러한 지역에 있

는 호텔에 혹시 수영장이 있는 경우도 오염의 위험성은 배제할 수 없다. 아무 일도 없다면 다행이지만, 만약 노출된 피부에 상처라도 있다면 그 곳을 통해 질병이 전염될 수도 있다.

아무쪼록 작은 상처 하나라도 소홀히 생각해서는 안 된다.

고산병을 예방하려면

산악 지대로 떠나는 여행은 여름에는 피서나 트레킹을 목적으로, 겨울은 겨울대로 스키를 즐기거나 온천을 즐기려는 등, 여행의 스타일도 다양하다. 그러나 혹시 고산병에 걸리면 어떡하나 하는 불안을 떨쳐내지 못하는 사람도 있을지 모른다.

심장 등에 지병이 있는 사람이 아니라면 단기 체재, 그것도 호텔이 표고 2천 미터 전후에 있는 곳이라면 걱정할 필요는 없다. 3천 미터를 넘는 지대에서도, 2~3시간의 투어에 참가하는 정도라면 거의 상관 없다. 그렇지만 고산병에 대해서는 건강한 사람도 충분한 대책을 세워야 한다.

무엇보다도 행동은 결코 서두르지 말 것. "천천히"를 항상 머리 속에 새겨 두어야 한다. 또한 수분 부족은 원활한 신진 대사에 방해가 되므로 충분히 섭취하되, 식사는 좀 적게 해야 한다. 저녁 식사를 과식할 경우에는 잠들기가 힘들어질 수도 있다.

식생활과는 무관하게 몸에 가스가 차기 쉬워지므로, 방귀는 결코 참아서는 안 된다. 에티켓에 벗어나지 않도록 주의는 해야겠지만, 나오는 것을 억지로 참는 것은 좋지 않다.

중요한 것은 목욕하는 방법인데, 욕조에 상반신까지 푹 담그는 것은 평지에서 건강한 사람조차도 심장에 부담이 가해질 수 있다고 한다.

그러므로 고산 지대에서는 몸을 담그지 말고 샤워로, 그것도 미지근한 물로 하는 것이 무난하다.

또한 제아무리 건강을 자랑하는 사람이라도 고산 지대는 공기가 희박하기 때문에 육체에 큰 영향이 따를 수도 있다. 음주나 흡연은 직격탄이 될 수 있다. 그러므로 절대 삼가야 한다.

현지의 화장품은 함부로 바르지 않는 것이 무난

여성이라면 국내에서는 볼 수 없는 색깔, 또는 향을 가진 외국 화장품을 앞에 두고 그냥 지나친다는 것이 거의 불가능하다. 메이크업 용품뿐만 아니라 샴푸나 비누 등도 관심의 표적일 것이다.

약국이나 슈퍼마켓에서 세련된 디자인의 케이스만 보고도 이들 제품을 써 보고 싶어 안달하는 마음은 이해할 수 있다.

그러나 혹시라도 알레르기 반응을 일으켜 피부에 염증이 생기거나 두드러기처럼 우툴두툴한 것이 생긴다면, 이후의 여행에서 느껴야 할 불쾌함이란 가히 짐작하고도 남음이 있을 것이다.

잠깐 하는 마음이 그 몇 갑절의 후회로 되돌아올 것을 생각한다면, 지그시 눌러 참는 것이 현명한 방법이다.

게다가 국내에서 사용하는 것과 동일한 회사의 제품이라 해도 현지의 제품과 국내 사양이 다른 경우가 있다.

사 가지고 돌아오는 것이야 각자의 자유지만, 현지에서 발라 보는 것만큼은 참도록 하자.

9장
공항이나 기내에서 이런 행동은 금물!

희망하는 좌석에 앉고 싶다면 / 아동 전용 여권을 만들어라 / 수하물 보관증은 절대로 잃어버리지 말 것 / 위탁 수하물에 카메라 종류는 넣지 말 것 / 해외에 나가 사용하지 않게 되는 짐은 어떻게 해야 하나 / 기내 서비스를 적절히 이용할 것 / 기내식은 무리하여 먹지 말 것 / 기내에서는 취하여 기분이 언짢아지기 쉬우므로 요주의 / 심하게 취하면 이렇게 된다 / 기내의 세면실, 이 시간대는 피하라 / 이륙 시의 화장실은 실로 위험 / 어린아이를 위한 기내 서비스를 확인할 것 / 어린아이를 홀로 두지 말 것 / 기내의 좌석에서 기저귀를 가는 것은 금물 / 가방을 그저 열쇠로 잠그기만 해서는 위험 / 가방에 화려한 스티커는 붙이지 말라 / "자기 가방만큼은 안심"이라는 사고는 금물 / 짐이 파손됐다면 공항을 나오지 말 것 / 짐이 나오기도 전에 세관을 나와서는 안 된다 / 세관에서 악질 검사관을 만났을 때는 이렇게 대처하자 / X-ray 검색·금속탐지기를 통과할 때는 소지품에서 눈을 떼지 말라 / 필름을 X-ray에 통과시켜서는 안 된다 / 입국 심사 시에는 떨지 말 것 / 입국 스탬프를 생략하면 큰일 / 환승할 비행기가 별도의 항공사여서는 곤란 / 환승 시간에는 여유를 둘 것 / 파업에 따른 결항이라 해도 항공사를 원망하지 말라

탑승과 출국 시에 주의할 점

희망하는 좌석에 앉고 싶다면

탑승 수속을 혼자 알아서 해야 할 때, 좋아하는 좌석을 확보하고 싶다면 서둘러 공항에 나가야 한다.

되도록 느긋하게 잘 수 있는 창가 쪽 좌석에 앉고 싶다, 흡연석이 좋다, 커플 여행이기 때문에 2인석이었으면 좋겠다…… 등등, 개인에 따라 희망 사항이 다를 것이다.

그런 사람들은 일찌감치 체크인을 해야 한다.

항공사의 카운터에 가서 좌석표를 보고 그 중에서 원하는 좌석을 고르려면 남들보다 1분이라도 빨리 수속을 해야 한다.

출발 직전에 뛰어들어간다면 남아 있는 좌석에서 골라야 하기 때문에 선택의 여지는 좁을 수밖에 없다. 그러고도 만족할 만한 좌석을 골랐다면, 그것은 거의 기적에 가까운 일이다.

아동 전용 여권을 만들어라

해외 여행에 반드시 필요한 것이 여권이지만, 14세 이하의 어린아이는 자신 전용의 여권을 만들지 않아도 부모의 여권에 병기하면 여행이 가능하다.

요즘은 휴가차 해외로 가족 나들이를 떠나려는 사람들이 많이 늘어,

어린아이가 해외에 나가는 일도 그리 드문 일은 아니다. 한 번 갔다 오고 말 것이 아니라면, 어른의 여권에 병기하기보다 이왕이면 어린아이 전용의 여권을 만들어 두는 것이 좋다.

해외에 나가 별도의 행동이 불가피한 상황도 있을 수 있으므로 그럴 때를 위해서, 또 해외 여행은 국내서 이동하는 것과는 다르다는 나름대로의 자각을 어린아이에게 심어 주기 위해서라도 전용 여권을 만들어 두면 좋다.

가급적 복수 여권으로 만들어 두면 나중에 아이만 해외의 여름 캠프에 참가하거나 여름 방학을 이용해 외국으로 홈스테이를 떠날 때 유용하게 쓰일 수 있다.

짐을 맡길 때 주의할 점

수하물 보관증은 절대로 잃어버리지 말 것

　탑승 수속을 하고 짐을 맡기면 짐 대신 배기지 클레임 태그(baggage claim tag), 즉 수하물 보관증을 건네 받게 된다. 도착지에서 이 표를 보여 주고 날라져 온 여행 가방 등을 교환해 받는 것이다.

　작은 것이라고 아무렇게나 휙 집어넣었다가 막상 도착하고 나서 여기저기 마구 뒤지는 일이 없도록 확실하게 보관해 두도록 하자.

　여성의 경우, 핸드백에 아무렇게나 넣게 되면 손수건 등의 물건을 꺼낼 때 같이 딸려 나와 훌쩍 떨어질 수도 있으므로, 반드시 핸드백 속의 지퍼가 달린 주머니에 넣거나 하여 차질없이 관리해야 한다.

　또한 수하물을 아무런 해프닝 없이 무사히 찾아서 나오게 되면 다행이지만, 만에 하나 공항의 수하물 카운터에서 못 찾거나 행방 불명이 됐을 때도 이 표는 중요한 증명서가 되므로, 절대 잃어버리는 일이 없도록 세심하게 보관하자.

위탁 수하물에 카메라 종류는 넣지 말 것

　비행장 카운터에서 탑승 수속을 할 때, 수하물을 맡기면서 깜빡하기 쉬운 것이 가방 속에 카메라나 비디오 카메라 등을 넣고 잊어버리는 일.

맡기기 전에 안에 무엇이 들어 있는지를 한 번 머리에 떠올리고, 부서지기 쉬운 것이나 귀중품이 들어 있지 않은지 생각해 보아야 한다.

위탁 수하물은 상당히 난폭하게 다루어진다. 카트에 휙휙 내팽개쳐지는 정도는 아무것도 아니고, 때에 따라서는 쌓아 올린 짐을 담당자가 발판으로 이용하는 일도 있다는 것을 명심해야 한다.

기념품으로 산 물건 중에 부서지기 쉬운 것이 있다면 카메라류와 함께 휴대 수하물에 넣어 기내에 들고 들어가는 것이 좋다.

해외에 나가 사용하지 않게 되는 짐은 어떻게 해야 하나

국내에서는 필요하지만 해외로 나가면서 불필요해지는 물건도 많다. 예를 들어 겨울철에 남쪽 나라에 가면서 공항까지 입고 간 오버나 코트. 쓸데없이 부피만 차지할 뿐더러 무게도 만만치 않기 때문에 여행지에 가지고 가 봤자 짐만 될 뿐이다. 그렇다고 엄동설한에 벗고 갈 수도 없는 노릇.

그럴 때는 널리 알려져 있지는 않지만 여행지에서 사용하지 않는 물품을 귀국할 때까지 임시로 맡아 주는 곳이 공항 안에 있으므로, 이 곳을 이용하면 편리하다.

여행을 마치고 귀국하면 다시 필요해지게 되는 물건이므로, 이 곳에 맡기고 떠나면 몸도 맘도 가뿐하게 남국의 여행을 즐길 수 있다.

자세한 내용은 공항에 문의해 보면 알 수 있다.

기내에서 쾌적하게 보내려면

🛄 기내 서비스를 적절히 이용할 것

해외 여행의 경우, 목적지까지 도착하는 데 걸리는 시간은 자못 지루할 수 있다. 경험해 보았다면 알겠지만, 그 시간을 어떻게 하면 즐겁게 보낼 수 있을 것인가는 커다란 고민거리이다. 유쾌하지 못한 기분으로 목적지까지 간다면 모처럼의 여행이 시작부터 삐그덕거릴 수 있다.

그럼 어떻게 하는 것이 좋을까? 좋아하는 책이나 음악을 가지고 가는 것은 너무나 당연하며, 기내식과는 별도로 자신이 좋아하는 식사를 준비해 가는 것도 한 방법이다.

그러나 어떻게든 짐은 최소한으로 줄이고 싶은 것이 인지상정. 그럴 때는 기내 서비스를 이용하자. 최근에는 어느 항공사나 서비스가 충실하여, 요구만 하면 무료로 빌릴 수 있는 것도 많다.

신문, 잡지는 물론, 트럼프, 체스, 장기 등의 오락 도구, 개인용 액정 비디오 모니터, 어린아이용으로는 색칠 그림이나 그림책, 장난감이 준비되어 있는 곳도 많다. 유료인 곳도 있으므로, 사전에 문의해 보는 것이 좋다.

이와 같은 오락 도구뿐만 아니라 음식물도 알레르기 때문에 고기를 못 먹거나 하는 경우에는 미리 주문하면 특별식을 제공받을 수도 있

다. 물론 이코노미 클래스에서도 주문이 가능하다.

  기내 서비스를 적절히 이용하면 더욱더 즐거운 여행이 될 수 있을 것이다.

🖐 기내식은 무리하여 먹지 말 것

  비즈니스 클래스의 디너도 아닌 이상 어떤 메뉴가 나올지 뻔한 것이 기내식이지만, 그래도 어쩐지 기대가 되는 것이 또한 기내식이다. 어쨌거나 요금에 포함된 것이고, 갇혀진 공간 안에서는 기껏해야 먹고 마시는 일이 누릴 수 있는 변화의 전부라고 생각하는 사람도 있을지 모른다.

  노선, 항공사에 따라 매뉴얼은 다르지만, 정해진 시간대에 서비스가 이루어지도록 되어 있는 것이 기내식. 그러나 먹은 것이 채 소화도 되기 전에 나왔다거나 좀더 자고 싶은데 깨웠다는 등, 불만의 원인이 되는 일도 있다.

그렇지만 기내식을 꼭 먹어야만 하는 것은 아니고, 그 시간을 조정하는 것이 불가능한 것도 아니다.

몸이 좋지 않다면 억지로 먹을 필요는 없다. 가끔 투어에 따라가는 여행 안내원에게 미안하다고 먹고 싶지도 않은 음식을 억지로 먹는 사람이 있는데, 그 때문에 오히려 상태가 악화된다면 그것이 더 미안한 일이다.

기내에서는 취하여 기분이 언짢아지기 쉬우므로 요주의

해외 여행은 시차 등으로 쉽게 신체 리듬이 깨지기 쉬우므로, 도착 후를 생각한다면 기내에서는 충분한 수면을 취해 두는 것이 좋다.

그러나 곧바로 잠들고 싶어도 마음처럼 쉽게 잠이 오지 않는 경우도 있다. 그럴 때는 알코올류를 주문하여 조금 마셔 보는 것도 좋을 것이다. 단, 과음하지 않도록 그 양에는 주의해야 한다.

비행기 내부의 기압은 지상의 약 80%. 산소의 양도 또한 지상의 약 80%밖에 안 되기 때문에 공기가 희박한 만큼 평소보다도 취기가 빨리 돌게 된다.

그렇기 때문에 잠에 빠지기도 쉽지만, 반면 뒤끝이 언짢을 수 있는 것도 사실. 정신없이 취한 승객의 난동으로 비행기 운항에 차질을 빚는 사건이 가끔 뉴스가 되곤 하는데, 알코올의 취기가 빨리 돈다는 점도 그 원인 중의 하나일 것이다.

또한 체내의 알코올을 충분히 분해시키기 위해서는 산소가 필요한데, 기내에서는 분해가 잘 안 되기 때문에 급성 알코올 중독의 확률도

높다. 그러므로 기내에서는 술을 과음하지 않도록 주의해야 한다.

심하게 취하면 이렇게 된다

기내에서 흡연이나 휴대 전화의 사용은 운행에 지장을 초래할 수 있어 금지되고 있다. 과거에 이를 위반하여 일단 이륙한 비행기가 되돌아오거나, 다이버드(divered)라 하여 근처의 비행장에 착륙한 일이 있었다.

그러나 음주 행위도 도가 지나치면 똑같은 사태를 초래할 수 있다는 사실을 의외로 잘들 모르고 있는 것 같다.

비행기에는 "안전 비행에 장해가 되는 행위를 금한다"는 규칙이 있다. 승객이 술에 취해 다른 승객에게 폭력을 행사하거나 객실 승무원에게 시비를 걸거나 하면 "장해가 되는 행위"로 간주되어 처벌을 받게 된다.

그런 승객에 대해서는, 우선 객실 승무원이 일차적으로 경고를 발하게 된다. 그래도 승객의 행동이 수그러들지 않는 경우에는 기내에서 구속하고, 여전히 태도에 개선된 기미가 보이지 않으면 최후 수단으로써 기장의 판단에 따라 본국으로 회항하거나 다이버드가 실시된다.

비행기가 목적지에 닿기도 전에 착륙하게 되면 그로 인한 손실은 실로 막대하다. 우선 다른 승객들로부터 쏟아지는 불평을 피할 수 없다. 때마침 약속된 중요한 사업상의 미팅이 깨지기라도 하게 되면 그에 상응하는 위자료를 지불해야 한다. 또 비행기 자체에 소요된 연료비와 공항 착륙에 든 약 1천여 만 원의 요금도 취객의 몫이다. 술을 마시고 즐거운 기분에 도를 좀 지나친 데 대한 부담치고는 너무나도 큰 금액이 아닐 수 없다.

승객의 입장에서는 단지 술을 과음했을 뿐일지도 모른다. 그러나 사소한 행위가 큰 사고를 부를 수도 있는 비행기 안에서는 매너에 위배되는 행위는 엄격한 처벌을 받는다는 사실을 주지해야 한다.

기내의 세면실, 이 시간대는 피하라

이륙하고 잠시 후에 승객이 안정을 찾았을 때쯤 기내식이 제공된다. 밤에 출발하는 경우에는 대부분의 사람이 수면 시간에 들게 되고, 승객 각자는 잠잘 준비를 시작할 것이다.

화장을 지우는 여성, 이를 닦는 사람, 편안한 옷으로 갈아입고자 하는 사람 등, 가장 분주한 곳이 세면실.

짧은 비행으로 수면 시간을 취하지 않는 경우에도 식후에는 일을 보는 사람을 비롯하여 역시 가장 혼잡스런 곳이 세면실이다.

하지만 그렇게 세면실이 미어지는 시간을 굳이 이용하려는 것은 어리석은 짓이다.

이륙하고 나서 편히 쉬고 싶어하는 기분을 모르는 바는 아니지만, 기내 서비스의 시스템을 먼저 간파해 미리미리 대응할 수 있도록 명심한다면 그 여행은 분명 전체적으로 순조롭게 진행될 것이다.

이륙 시의 화장실은 실로 위험

"방귀나 부스럼은 장소를 가리지 않는다"는 말이 있듯이, 화장실을 언제 어느 때 가고 싶어질지 모르는 일. 그것은 비록 이륙 직전의 비행기 안이라도 마찬가지이다. 벨트 착용에 대한 지시가 있거나 말거나 참으려고 해서 참아지는 문제가 아니다.

그렇지만 아무리 급해도 화장실에 들어간 상태에서 비행기가 이륙하게 되는 상황만큼은 피해야 한다.

　당연히 화장실에는 안전 벨트가 없다. 변기에 걸터앉은 상태에서 이륙한다는 것은 상상 이상으로 공포스러운 것이며 경우에 따라서는 부상을 입을 수도 있어, 실로 위험천만한 상황이 아닐 수 없다.

　그런 불필요한 공포를 맛보지 않으려면 화장실은 공항 안에서 미리미리 이용하도록 하고, 비행기에 타고 나서 용변을 보고 싶어졌다면 서둘러 화장실에 다녀와 이륙 전에는 자신의 자리로 되돌아올 수 있도록 하자.

어린아이를 위한 기내 서비스를 확인할 것

　신년 휴가를 하와이에서 푹 쉬고 싶을 뿐, 특별히 수영을 하고 싶다거나 쇼핑을 하고 싶은 것은 아니다. 국내에 있어 봤자 고향집에 선물 사가랴, 조카애들에게 세뱃돈 주랴 이래저래 돈만 쓰게 되고, 게다가 교통 체증에 시달려 심신만 고달파지느니, 차라리 그 돈으로 해외 여행이나…… 하는 것이 요즘의 추세이다.

　젖먹이 아이를 품에 안은 젊은 부부나 초등학생 정도의 아이를 데리고, 명절의 피크 시즌에 해외 여행을 하는 사람들이라면 아마도 그런 생각으로 떠나 온 사람들이 대부분일 것이다.

　그렇다면 그 많은 투어 상품 가운데 무엇을 기준으로 골라야 제대로 된 선택이 될 수 있을까.

　우선 스케줄이나 요금을 들 수 있을 텐데, 이건 어디나 비슷비슷하다. 주목해야 할 것이 항공사이다.

　어린아이와 동행하는 경우, 아동용 좌석을 마련해 주거나 다양한 오락 시설 서비스를 제공하는 등, 각 항공사들이 보다 쾌적한 조건을 제공하기 위해 안간힘을 쓰고 있다.

특히 아이가 어려서 혼자서는 앉지 못하고, 그렇다고 무릎에 죽 안고 가기에는 너무 힘들고 할 때, 아동용 좌석을 사용할 수 있게 해 주는 항공사라면 그야말로 최상의 선택이다.

남들과 분명하게 차별되는 여행을 하고자 한다면, 돈으로는 환산할 수 없는 체크 포인트가 있다는 것을 잊어서는 안 된다.

어린아이를 홀로 두지 말 것

초등학교 저학년생 정도의 어린아이와 동행하여 비행기를 타면 부모는 이것저것 신경 써야 할 일들이 많다.

대부분의 아이들이 금방 싫증을 내고 잠시도 가만히 앉아 있지 못한다. 한정된 기내이기 때문에 아무리 행방 불명이 될 우려가 없다고는 해도, 제멋대로 좌석 사이를 헤집고 돌아다닌다면 남들에게 피해가 가는 일이다.

그래서 아이를 그럭저럭 얌전하게 만들고 기내식도 먹고 가까스로 잠이 들었는데, "화장실" 하는 아이의 목소리에 어렵사리 든 잠을 깬다면 그 순간의 원망스런 기분이야 아이를 실컷 때려 줘도 시원찮을 것이다.

그러므로 식사를 마쳤으면 우선은 아이를 화장실에 데려가는 것이 좋다. 정작 본인은 가고 싶은 생각이 없더라도 그 시점에서 볼 수 있는 용변은 다 볼 수 있게 해 놓아야 한다.

여행 중에는 아이가 시차로 고생하지 않을까, 어디서 길을 잃지는 않을까, 조마조마한 마음에 항시도 눈을 뗄 수 없는 상황이기 때문에 부모의 정신적인 피로가 평소의 몇 갑절은 된다.

부모도 기내에서만큼은 몸도 맘도 편하게 쉬고 싶은 법. 식사를 끝냈으면 일단은 화장실에 가는 습관을 길러 놓아야 부모가 편해질 수 있다.

기내의 좌석에서 기저귀를 가는 것은 금물

갓난아기와 함께 여행을 할 때는 이륙 전에 반드시 그 사실을 주변 좌석 사람들에게 알리는 인사를 해 두자. "아기가 아직 어려서 폐를 끼치게 될지도 모르겠습니다. 아무쪼록 잘 좀 보아 주십시오" 하는 정도면 된다.

혹시 울거나 주변을 시끄럽게 하는 일이 생기면 통로를 조금 걷게 하여 얼르거나 승무원실 한 귀퉁이를 빌리거나 해서 가능한 한 주변 사람이 불쾌해 하지 않도록 배려해야 한다. 사전에 양해를 구했다 해서 마구 폐를 끼쳐도 되는 것은 결코 아니기 때문이다.

그리고 또 하나, 절대로 해서는 안 되는 것이 좌석에서 기저귀를 가는 일.

"어차피 부부 사이니까 두 사람 좌석 사이에서 살며시 갈아도 상관없겠지"라든가, "빈자리도 많은데 그쪽에 가서 갈면 좀 하면 어때" 하는 것은 매너를 모르는 사람이나 하는 생각이다.

좌석이란 식사를 하거나 잠을 잘 때, 혹은 휴식을 취하기 위한 곳이다. 아무리 기내의 화장실이 좁아서 불편하더라도 일단은 그 곳으로 데려가서 갈도록 해야 한다.

가방, 여기에 주의

가방을 그저 열쇠로 잠그기만 해서는 위험

이런저런 여행에 필요한 물건들로 꽉 찬 트렁크는 열쇠를 채워 탑승 수속 시에 맡기는 것이 보통이다. 그러고 나서 수하물 보관증을 건네 받게 되면, "자, 이제 안심이야" 하고 한시름 놓게 마련이다. 그러나 이는 대단히 큰 착각이다.

분명히 자물쇠를 채워 두었건만 10시간씩이나 되는 지루한 비행을 참고 호텔에 들어서 가까스로 한숨 돌리고 짐을 풀었더니, 가방 안에 들어 있어야 할 귀중품이 몽땅 털려 있었다…… 하는 사례가 적지 않다. 대개는 공항에서 수하물을 취급하는 부서, 혹은 운반되는 과정에서 범죄자들에 의해 벌어진 소행이다.

아마도 어디선가 몰래 숨어 들어온 범인이 철사 한 가닥으로 자물쇠를 벗겨내거나, 똑같이 생긴 다른 열쇠로 한 사람은 날렵하게 따고 다른 한 사람은 내용물을 체크하여 짐을 싹쓸이해 버리는 수법이 주로 이용되는 듯하다. 아주 짧은 시간에 저지를 수 있는 효율적인 범죄이다.

"듯하다"라는 표현은 범인이 잡히지 않는 이상 그 수법이 무엇인지 알 수 없고, 현행범이 아닌 다음에야 좀처럼 잡히지도 않기 때문이다.

이와 같은 범죄에 대처하려면 벨트를 이용하는 것이 가장 좋다. 자물쇠를 채운 다음 그 윗부분을 가방째 둘둘 벨트로 마는 것이다. 이때 가죽은 좋지 않다. 면 등의 폭이 넓은 천을 쨍쨍하게 감아 두면, 그것을 벗겨 내는 것이 귀찮아서라도 범인은 손댈 엄두를 내지 못할 것이다.

가방에 화려한 스티커는 붙이지 말라

여행지의 공항에 아는 사람이 있거나 업무와 관련된 회사 측에서 마중을 나오기로 되어 있는 경우라면, 처음 가는 나라라도 안심하고 갈 수 있다. 그러나 이때도 주의하지 않으면 안 될 것이 있다. 즉 마중을 나온 사람이 정말 자신을 마중하기 위해 나온 사람이 맞는지 확인하는 일.

안면이 있는 사람이라면 상관없지만 고용 운전사가 대신 나오거나

228

할 경우, "○○ 씨죠. 마중을 나왔습니다"라는 말만 믿고 아무런 의심 없이 따라갔다가는 낭패를 볼 수 있다. 일단 차가 달리기 시작하면 이상한 곳으로 끌고가 강도로 표변하는 일도 있기 때문이다.

이런 경우 대개는 자신의 이름을 알고 있다는 점에서 단박에 신뢰하게 마련이지만, 트렁크에 큼지막한 이름표를 달고 다닌다면 상대방이 자신의 이름을 아는 것은 식은죽먹기이다. 요컨대 트렁크나 가방 등에 명찰을 달거나 스티커를 붙이는 것은 삼가야 한다.

또한 분명히 자신을 마중 온 고용 기사임을 확인했다 하더라도 안심하기에는 이르다. "차를 돌려 가지고 나올 테니, 여기서 기다려 주십시오" 하는 말에 잠시 그 곳에서 기다리는 동안, 엉뚱한 다른 고용 기사의 차에 실리게 되는 수도 있다. 제대로 운전사의 얼굴이나 이름을 기억하지 못하면 얼마든지 일어날 수 있는 사고이니 만큼, 어디까지나 방심은 금물이다.

"자기 가방만큼은 안심"이라는 사고는 금물

비행기를 환승하여 목적지로 향하거나 노선의 경유지에 내리게 됐을 때, 국내를 출국하면서 맡긴 트렁크를 제대로 찾지 못해 당황하는 일이 일어날 수 있다.

그럴 때 찾아 달라고 부탁을 하면서 가방의 색깔이나 모양에 대해서는 비교적 잘들 설명하지만, 크기에 대해서는 정확히 설명할 줄 아는 사람이 드물다.

행방 불명에 따른 사고뿐만 아니라 공항이나 호텔 로비에서의 바꿔치기, 호텔 내의 도난 사고 등, 수하물의 안전이 언제나 보장되는 것은 아니다.

그럴 때를 대비해 자신의 트렁크를 사진으로 찍어 뒷면에 사이즈를 정확하게 기입하고, 그것을 핸드백에 넣어 여권 등과 함께 보관하면 좋다. 혹시 문제가 생기더라도, "이거예요" 하고 실물의 사진을 보일 수 있기 때문에 크게 도움이 된다.

물론 그러한 트러블이 일어나지 않도록 조심하는 것이 무엇보다 중요하다.

짐이 파손됐다면 공항을 나오지 말 것

출국하면서 맡긴 수하물을 공항 카운터에서 찾아와, 호텔에 도착하여 풀어 보니 내용물이 파손돼 있었다. 아무리 생각해도 짐을 맡겼을 때의 부주의한 취급이 원인인 것 같다. 그러나 이 사실을 호텔에 와서야 깨달았다면 손쓸 수 있는 단계는 이미 지난 것이다.

항공사는 손님으로부터 맡은 수하물에 보험을 들게 돼 있으며, 보상 금액에 다소 차이는 있겠지만 손실 보전은 해 주는 것이 기본이다. 그러나 그것도 로비에 도착해서 바로 알아차리고 신청했을 때만 가능한 이야기이다.

공항 건물을 한 발짝이라도 나가게 되면 그것이 정말로 운송 중의 사고에 따른 파손인지 아닌지를 증명할 길이 없기 때문이다. 예를 들어 "택시 운전사가 운전을 난폭하게 해서 그런 것이 아니냐"고 한다 해도 할 말이 없는 것이다.

트렁크의 외양에 조금이라도 흠집이 있거나 맘에 걸리는 점이 있으면 반드시 공항 내에서 점검하고, 파손품이 발견되었으면 그 자리에서 제시하여 보상 신청을 해야만 한다.

세관·입국 심사 시에 주의할 점

짐이 나오기도 전에 세관을 나와서는 안 된다

비행기가 목적지에 도착하면 탑승 수속 시 맡긴 자신의 짐을 찾으러 턴테이블로 향하게 된다. 이때 만약 짐이 나오지 않는다면 어떻게 대처하겠는가.

이 같은 사고는 의외로 자주 일어날 수 있는데, 그럴 때는 절대로 세관을 나와서는 안 된다. 만에 하나 짐이 분실돼도 책임을 지려 하지 않기 때문이다.

우선은 냉정을 잃지 말고 침착하게 자신의 짐이 없어졌음을 담당자에게 알리도록 하자. 영어로 말할 때는, "My baggage is not coming"이라고 하면 된다. 항공권과 수하물 보관증(클레임 태그)을 내보이고 사정을 설명하면 소정의 서류를 작성하게 되는데, 조사에 여러 날이 걸릴 수도 있으므로 여행 일정이나 연락처도 기입해 두는 것이 좋다. 또한 담당자의 이름이나 분실 신고서 코드 번호 등도 메모해 두었다가 연락이 없을 때는 자신이 직접 전화할 것.

한편 시간이 많이 걸릴 경우에는 여행지에서 곤란한 상황에 처할 수도 있으므로, 그럴 때는 항공사에 신고하면 당장 쓸 수 있는 비용은 부담해 주도록 되어 있다.

짐이 나오지 않을 때는 아무쪼록 세관에서 나오지 말 것.

세관에서 악질 검사관을 만났을 때는 이렇게 대처하자

세관은 공평한 것으로 믿고 싶겠지만, 유감스럽게도 나라에 따라 악질적인 검사관이 있는 곳도 있다.

그들은 여행자에 대해 트집을 잡아 위협하고, 돈을 우려내려 한다. 말하는 것을 듣지 않으면 구속도 마다 않겠다는 태도로 나오기 때문에, 울며 겨자 먹기로 돈을 내주고 무사를 도모하려는 여행자도 있다.

그러나 여기서 물러나서는 안 된다. 생각해 보아 반입 금지나 반출 금지 물건을 가지고 있지 않다면, 돈을 뜯길 이유는 없는 것이다.

자신에게 꺼림칙한 점이 없다면, "나는 위법한 물건은 가지고 있지 않습니다. 왜 제게 돈을 요구하는 겁니까? 상관을 만나게 해 주세요" 하고 확실하게 말하는 태도가 중요하다.

참고로, 아까운 돈을 뜯기지 않으려면 세관의 검사에는 자진하여 협력하도록 하자. 겁먹은 태도를 보여서는 안 된다. 벌벌 떠는 사람은 악덕 검사관의 표적이 되기 쉽기 때문이다.

만약 금지된 물건을 가지고 있다가 들켰을 때는 아무 소리 말고 내주도록 하자. 절대로 불만을 토로하거나 오히려 검사관을 매수하려 해서는 안 된다. 물론 두말하면 잔소리겠지만, 반입 금지나 반출 금지 물건은 처음부터 소지하지 않는 것이 좋다.

X-ray 검색 · 금속탐지기를 통과할 때는 소지품에서 눈을 떼지 말라

이러니저러니 해도 요즘 사람들은 평화에 길들여져 있다. 그 때문에 긴장감이 부족한 탓인지 해외에 나가면 얼토당토않은 범죄에 휘말리는 일이 많다.

단순한 신분 증명서라기보다 자신의 안전이나 보호를 외국에 나가서도 보장받을 수 있도록, 국가가 뒤에서 버티고 있음을 의미하는 "여권".

해외에 나갔을 때는 이것을 항상 소지하고 다녀야 하는데, 무심코 손가방에 넣어 둔 채 공항의 X-ray 검색 문형금속탐지기를 빠져 나오는 일이 있다.

가방을 컨베이어 벨트에 올려놓고 자신은 문으로 들어갔는데, 막상 컨베이어 앞에서 가방을 집으려니 감쪽같이 사라져 버리고 없는 경우가 있다. 잠시 한눈 판 틈을 타, 다른 사람이 슬쩍 집어 가는 것을 미처 깨닫지 못한 것이다.

비단 가방뿐만 아니라 밖에 내놓은 카메라 케이스, 또는 비디오 카메라만이 없어지거나 탑승 대기실에서 선물 꾸러미만 도난당하는 등, 사례도 다양하다.

특히 열쇠 고리 등이 "삐" 소리를 내어 몸수색이라도 받게 되면 거기에 정신이 팔려, 컨베이어에 올려 둔 자신의 소지품이 없어지는지도 모르는 수가 많다.

비록 여권은 주머니에 있다 하더라도 가방의 내용물이나 그 밖의 것이 돌아오는 일은 거의 없다.

이런 사고를 막으려면, 어떠한 상황에서라도 컨베이어에 올려 둔 자신의 휴대품으로부터 결코 한눈을 팔아서는 안 된다. 그리고 만약 자신의 물건에 손을 대려는 자가 있으면 앞뒤 사정 볼 것 없이 손가락으로 가리키면서 큰소리를 지르자.

필름을 X-ray에 통과시켜서는 안 된다

여행지에서 촬영한 사진은 중요한 추억거리로 간직되게 마련이다.

그러나 공항에서 X-ray 검사를 받게 되면 감광될 가능성이 있기 때문에, 별 생각 없이 검사관에게 건네 주는 일이 있어서는 안 된다. 선진국의 경우라면 일단은 염려하지 않아도 되지만, 개발 도상국의 경우에는 마음을 놓을 수 없다. 이때는, "손으로 체크해 주십시오" 하고 부탁을 해 보고, 그것이 불가능하다면 필름통에 넣은 후에 기계를 통과할 수 있도록 하자. 이런 때를 대비해 필름통을 준비해 두면 요긴하게 쓸 수 있다.

한편 휴대 수하물이 아닌 위탁 수하물에 넣어 두면 X-ray에 통과될 우려는 없으나, 이 경우에는 분실될 위험성이 있으므로 주의하자.

입국 심사 시에는 떨지 말 것

긴 비행기 여행이 끝나고 바야흐로 목적지에 입국. 그러나 그 전에 입국 심사라는 커다란 관문을 통과해야만 비로소 도착했다고 말할 수 있다. 입국 심사는 왠지 떨리게 마련이지만, 여기서 결코 쭈뼛거려서는 안 된다. 국가에 따라 비교적 간단하게 심사가 끝나는 경우도 있지만, 꼼꼼하게 심사하는 국가도 있다. 어느 쪽이든 겁먹은 태도는 의심받기에 알맞다. 다소 긴장될지도 모르지만, 상대방도 어디까지나 인간이다. 맨 처음의 심증에 따라 검사의 성격이 크게 달라지므로, 심사원에게 다가가서는 빙긋이 웃으며 "헬로" 하고 인사하는 정도의 여유가 필요하다.

또한 정작 일이 닥쳤을 때 당황하지 않도록 사전의 준비도 중요하다. 입국 신고서에 잘못된 것은 없는지, 거짓 기재는 하지 않았는지, 규정된 것보다 많은 돈을 소지하고 있지 않은지 등, 다시 한 번 꼼꼼히 체크하여 바르게 신고한다면 아무것도 두려울 것은 없다.

입국 스탬프를 생략하면 큰일

입국 심사 시에 중요한 것이 또 하나 있다.

대개는 기입을 끝낸 입국 신고서와 함께 여권을 보여 주고, 여행의 목적이 무엇인지를(대개의 경우 관광이 되겠지만) 밝히면 OK이다.

이때 여권에는 그날의 날짜가 들어간 입국 스탬프가 찍히게 되는데, 간혹 그 소인이 생략되는 일이 있다.

입국 심사관의 착각에 따른 누락이 대부분이겠지만, 이것을 생략했다가는 현지 체재 중에 어떠한 트러블에 휘말릴지 알 수 없다. 일을 당해서야 비로소 입국 스탬프가 얼마나 중요한 것인지 깨달아도 이미 버스는 손을 흔들고 가 버린 뒤다.

스탬프가 제대로 찍혔는지는 확인도 않고, "아무것도 안 물어보네. 정말 다행이야!" 하고 휴~하는 마음으로 그대로 자리를 뜨는 일이 있어서는 안 된다.

비행기 환승 시에 주의할 점

환승할 비행기가 별도의 항공사여서는 곤란

목적지로 향하는데 한 노선으로는 갈 수 없어 부득이 환승해야만 할 때는 시간에 여유를 두는 것이 좋다고 위에서 말했다. 그러나 나름대로 신경을 썼음에도 불구하고 환승에 실패하는 사태가 간혹 가다 일어난다.

그럴 때를 대비해 환승할 비행기편은 동일 항공사의 비행기를 고르는 것이 좋다. 불의의 사태가 일어났을 때, 동일 항공사라면 책임 지고 처리해 주기 때문이다. 예를 들어 다음 편에 태워 주거나 다른 회사의 비행기 편으로 대체해 주는 등의 서비스를 제공받을 수 있다.

그러나 서로 다른 항공사일 경우, 늦어서 못 타게 된 비행기편의 대체 수배는 기본적으로 스스로 알아서 할 일이다.

이러한 번거로움을 고려한다면, 환승이 제아무리 효율적이라 해도 서로 별개의 항공사를 선택하는 것은 그다지 이득이 안 된다.

환승 시간에는 여유를 둘 것

비행기가 반드시 예정된 시간에 도착하는 것은 아니다. 기상 등의 사정으로 도착이 늦어지는 일이 비일비재하고, 가끔은 결항되는 일도 있다.

그렇기 때문에 환승을 하는 경우에는 절대로 시간을 빠듯하게 잡아서는 안 된다. 공항에서 남는 시간을 주체하지 못하는 일이 있더라도, 그것이 여유다 생각하고 적어도 3, 4시간의 시간적 여유는 두는 것이 바람직하다.

또한 비행장이 여러 개 있는 도시의 경우에는, 환승해야 할 공항이 별도의 장소에 있는 경우도 있으므로 주의해야 한다.

파업에 따른 결항이라 해도 항공사를 원망하지 말라

투어를 신청할 때, 귀찮은 약관을 꼼꼼히 읽는 사람은 그리 많지 않을 것이다.

그러나 거기에는 여러 가지 사정으로 인해 비행기가 뜨지 못하게 됐을 때의 보상 범위가 반드시 적혀 있게 마련이므로, 사전에 한 번쯤 읽어 보는 것이 좋다. 태풍 등 기상 조건의 악화로 비행기가 뜨지 못하게 됐을 때는 보상을 바랄 수가 없다. 나아가 귀국하는 당일에 그런 일이 생겨 다시 1박이 부득이한 경우에는 추가 요금을 물어야 한다.

그 밖에 "전쟁" 등이 났을 때도 비행은 불가능한데, 해외 여행이기에 충분히 있을 수 있는 일이다.

그리고 중요한 것이 항공 회사의 파업에 따른 결항. 이것도 보상의 대상은 되지 못한다. 투어를 기획한 회사가 파업이 없는 다른 항공사의 비행기 편을 알아봐 주는 경우도 있지만, 만약 차액이 있을 때는 자기 부담이 된다.

약관에도 엄연히 적혀 있는 만큼 결코 항공사를 원망해서는 안 되지만, 불평 한마디쯤 하고 싶어지는 것이 당연할 것이다. 그럴 때 식사나 숙소를 서비스해 주는 예가 전혀 없는 것도 아니므로, 클레임을 걸어볼 만한 가치는 있다. 단, 어디까지나 그것은 회사 측의 호의에 달린 문제라는 것을 감안한다면, 그런 서비스가 없다고 점점 더 원망하는 것은 잘못이다.

10장
여행 준비를 할 때 이런 행동은 금물!

"아침 식사·마중 없음"의 투어는 피하라 / 팸플릿만 보고 투어를 선택하지 말라 / "여행 조건"을 읽지 않고 신청하는 것은 위험 / 어린아이를 데리고 도착 후 곧바로 관광에 나서는 것은 금물 / 어린아이를 데리고 열대 지방을 여행하는 것은 금물 / 스케줄을 제대로 짜려면 국내 정보만으로 일정을 정해서는 곤란 / 기념품을 사는 시간은 적당히 / 지나친 욕심은 금물 / 귀국 다음날로 예정을 잡는 것은 삼가라 / "선물은 귀국하는 날에"라는 생각은 금물 / 투어의 호텔, 안이하게 정하지 말라 / 인터넷으로 호텔을 예약할 때는 이 점에 주의 / "신청"만으로 예약이 끝났다고 생각하면 큰일 / 싸다는 이유만으로 항공권을 선택하지 말라 / 항공사라고 해서 어디나 다 같은 것은 아니다 / 심야에 도착하는 편은 피하라 / 새벽에 도착하는 편도 피하라 / 상해 보험을 세트로 드는 것은 돈 낭비 / 출발 직전에 가입하지 말 것 / 떠날 때부터 가방이 불룩해서는 곤란 / 이동이 많은 여행에 트렁크는 걸맞지 않다 / 여행 용품은 빌려도 좋다 / 반입 금지 물품은 절대로 넣지 말 것 / 담배를 많이 사 가는 것은 오히려 손해 / 오래 된 안내 책자는 도움이 되지 않는다 / 방문하는 나라만큼의 지갑을 준비하라 / 더운 지역이라도 반소매만으로 가는 것은 삼가라 / 다소 짐이 되더라도 슬리퍼는 필수품 / 수영하지 않더라도 수영복 한 벌쯤은 준비할 것 / 작은 메모장은 여러모로 편리 / 선진국에서도 현금은 필요 / 장기 여행을 떠날 때는, 집을 맡기는 일도 고려할 것 / 대사관의 연락처는 반드시 알아 둘 것 / 여권과 똑같은 사진을 가지고 있는가

멋진 투어에 참가하려면

🎒 "아침 식사·마중 없음"의 투어는 피하라

어떻게든 싸고 좋은 티켓을 구해 알뜰 여행을 해 보려는 마음은 다른 나라를 제집 드나들듯 드나드는 사람이나 해외 여행이 처음인 사람이나 모두 마찬가지일 것이다. 비수기에 현지에서의 프리 플랜을 이용하여 바겐세일 백화점만을 골라 다니는 쇼핑 투어도 생기고 있을 정도이다.

그런 구속된 관광이 아닌 프리 플랜형 투어에는 2종류가 있다. 하나는 왕복 항공권과 호텔 숙박료가 세트로 돼 있어 공항에 도착한 후부터는 자기 마음대로 즐길 수 있는 타입이고, 또 하나는 이 두 가지 외에 아침 식사나 저녁 식사가 포함되어 있어 일단 공항에서 호텔까지는 셔틀 버스가 데려다 주고 식사도 호텔에서 먹을 수 있지만 시내 관광이나 쇼핑은 자유롭게 즐길 수 있는 타입이다.

대개 전자의 경우, 즉 마중이 없고 식사도 각자 알아서 하는 타입 쪽이 싸다. 하지만 방문지에 따라서는 큰 불편이 따를 수도 있다.

특히 처음 가는 도시이거나 할 경우에는, 공항에서 호텔에 가는 것조차 어떻게 해야 좋을지 몰라 난감할 수 있다. 택시를 이용하면 간단하겠지만, 결국은 그만큼의 비용이 발생하게 된다.

또한 아침 식사가 없는 경우에는 하루를 유효하게 이용하고 싶어도 이른 아침에 어디서 식사를 하고 행동을 개시해야 좋을지 역시 막막해진다. 비록 식당이 발견됐다고 해도 물가가 비싼 곳이라면, 그 요금도 또한 별도로 부담하지 않으면 안 된다.

물론 후자의 경우에는 몇 시까지는 아침 식사를 마쳐야 한다든가, 호텔 로비에서 다른 일행이 다 모일 때까지 기다려야 한다든가 하는 불필요한 시간이 소요되는 일도 많지만, 종합적인 비용을 생각한다면 "아침 식사, 호텔까지 마중 없음" 플랜이 오히려 비쌀 수도 있다.

팸플릿만 보고 투어를 선택하지 말라

투어로 해외 여행을 가고자 할 때는 여행사의 팸플릿으로 찾는 것이 제일이라고 생각하기 쉽다. 그러나 이것만으로 선택하게 되면 엄청난 후회가 따를 수도 있다.

여행 대리점을 통한 투어의 경우, 규모가 큰 회사라면 그다지 문제될 것이 없다. 하지만 중소 규모의 여행 대리점은 출발을 목전에 두고 투어에 필요한 인원이 모집되지 않았다는 이유로 격이 떨어지는 항공사나 호텔로 변경되는 일이 있다.

기대하고 있던 내용과는 전혀 다른 것이어서 이러지도 저러지도 못하는 상황에 직면할 수도 있는 문제이다.

따라서 투어를 선택할 때는 팸플릿만으로 정하지 말고, 여행 잡지 등도 꼼꼼히 체크하는 것이 중요하다.

팸플릿 투어가 만원이어서 예약을 못했을 경우에도 여행 잡지를 체크하여 닥치는 대로 대형 여행 대리점에 전화해 나가다 보면 갑작스런 캔슬 등으로 내용이 충실한 투어에 참가할 수 있는 기회가 생길 수도 있다.

"여행 조건"을 읽지 않고 신청하는 것은 위험

투어 선택 시, 자칫 요금이나 여행 내용 등에만 눈길이 가는 사람이 있는데, "여행 조건"을 읽지 않고 신청하면 후회할 수도 있다.

해외 여행에는 크고 작은 트러블이 끊이지 않게 마련이다. 캔슬이 부득이한 사태가 일어날 수도 있고, 정원이 적어 여행이 성립되지 못하는 수도 있다. 또한 기후 등의 영향으로 여행이 예정대로 진행되지 않는 경우도 있다.

"여행 조건"에는 이들 트러블에 대한 다양한 규약이 기재돼 있기 때문에, 잘 확인하지 않고 신청하게 되면 막상 트러블이 발생했을 때 손해를 보거나 불쾌한 경험을 하게 될 수도 있다. 의문 나는 사항이 있으면 바로바로 물어봐서 신청하기 전에 내용을 제대로 파악해 둘 수 있어야 한다.

어린아이를 데리고 도착 후 곧바로 관광에 나서는 것은 금물

어린아이를 데리고 해외 여행을 할 때는 일정에 세심한 배려가 요구된다.

해외 여행의 경우, 현지에 도착하자마자 그대로 버스를 타고 시내 관광 등에 나서는 경우도 적지 않다. 그러나 오랜 비행 시간 후의 관광은 체력이 약한 어린아이에게는 너무나도 가혹하다. 어린아이와 동행하는 경우, 도착하자마자 곧바로 관광에 나서는 것은 금물이다.

현지에 도착했으면 곧장 호텔로 들어가 느긋하게 쉴 수 있도록 일정을 짜는 것이 기본이다. 가급적이면 같은 지역에 2, 3박 정도 하는 것이 좋다. 같은 호텔이라면 외출 나간 곳에서 지쳐 힘들더라도 일찌감치 호텔에 돌아와 쉴 수도 있어, 신체적으로나 정신적으로나 위안이 된다.

어린아이가 몸이 안 좋아지거나 지쳐서 기운을 잃게 되면 모처럼 떠나온 여행이 조금도 즐거울 수 없다. 어른의 입장을 우선하고 싶다면 어린아이는 데리고 가지 말아야 한다.

어린아이를 데리고 열대 지방을 여행하는 것은 금물

조그마한 어린아이를 데리고 해외 여행을 즐기는 사람이 늘고 있는데, 아이가 어린 동안은 열대 지방 여행은 피해야 한다. 남아시아나 중남미, 아프리카 등의 열대 지방에서는 콜레라와 페스트, 황열병 등의 전염병에 걸릴 가능성이 그 어느 지역보다 높다.

어른이라면 예방 주사를 맞고 출발할 수도 있는 문제이다. 하지만 어린아이의 경우, 체력이 약하기 때문에 이 예방 주사로 인해 오히려 발열 증상을 일으킬 수도 있다.

오랜 비행 시간도 어린아이에게는 부담스러운 것이다.

부모가 가고 싶다 하여 맘대로 행선지를 정하지 말고, 어린아이를 데리고 가고자 한다면 어디까지나 아이 중심의 계획을 세워야 한다.

스케줄을 제대로 짜려면

직장 생활을 하는 사람이 해외 여행을 하려면 휴가를 얻어야만 한다. 유럽 여행이라도 계획하게 되면 짧은 연휴를 이용하여 3박 5일 정도로 떠나는 하와이 여행과는 사정이 다르다.

그렇기 때문에 아무래도 신년 휴가나 여름 휴가 등의 장기 휴가를 이용하게 되는데, 이 시즌은 공항에 사람이 득실거리는 시기이기도 하다. 당연한 일이지만, 그때에는 투어 요금도 비싸진다.

단, 이러한 해외 여행 절정의 시즌이라 해도 최고 요금이 되는 피크 시기는 그렇게 길지 않다. 앞뒤로 며칠 간 비끼기만 하면 수십만 원씩 요금이 싸지게 된다. 가격 할인율도 피크로부터 벗어나는 폭이 크면 클수록 좋아지는 것은 당연하다.

출발 일시와 여행 기간을 꼼꼼하게 따져, 자신의 휴가를 가능한 한 유효하게 사용할 수 있는 여행을 찾는 것이 좋다. 열심히 찾다 보면 분명 수지맞는 항공권이나 투어가 발견될 것이므로, 체념하지 말고 끈기 있게 찾아보자.

스케줄을 제대로 세운다

🪧 국내 정보만으로 일정을 정해서는 곤란

프리 플랜이 장점인 여행을 신청했을 때, 현지에서의 자유 시간을 어떻게 이용할 것인지 안내 책자를 이것저것 뒤져보게 될 것이다.

보고 싶은 미술관, 거닐어 보고 싶은 공원, 디너를 즐기고 싶은 레스토랑 등, 정보는 무궁무진하다. 첫날은 여기를 가고, 둘쨋날은 저기하고 저기…… 해 가며 꼼꼼하게 일정을 세우는 용의 주도파도 적지 않은 모양이다.

그러나 막상 현지에 가 보면 미술관은 때마침 보수 중이라든가, 날씨가 안 좋아 공원 산책은 포기해야 하는 등 예상치 못한 사태가 얼마든지 일어난다. 그렇게 확실하게 세웠다고 생각한 스케줄이 와르르 소리를 내며 무너지게 되면, 만반의 준비를 갖추었다고 생각했던 만큼 당황도 커서 결국 아무것도 못하게 되는 수도 있다.

이럴 때는 현지의 관광 안내소를 이용하면 도움을 얻을 수 있다. 때마침 몇 년 만의 비보 공개전이 상설관이 아닌 회장에서 열리고 있다거나, 안내 책자에는 실려 있지 않지만 최근 그 지역에서 인기가 급상승중인 바가 있다는 최신 정보를 입수할 수 있을지도 모른다.

너무 꼼꼼하게 계획을 세우는 것보다 포인트만을 파악해 두었다가 도착 후에 관광 안내소를 찾든지, 여행자용 안내 배포지를 체크하고 나서 일정을 짜도 늦지 않다.

　미리 스케줄을 정해 놓게 되면 자칫 그 일정에 얽매여 손해를 볼 수도 있다.

기념품을 사는 시간은 적당히

　기념품을 사는 시간이 해외 여행 일정 가운데 커다란 비율을 차지하는 사람이 있는데, 그러기에는 너무나도 아깝다. 기념품을 사기 위해서 여행하는 것도 아니니, 쇼핑 시간은 최소한으로 줄여 필요한 만큼만 해야 한다.

　그러기 위해서는 여행을 나서기 전에 기념품이 필요한 사람의 리스트를 미리 만들고, 선물의 예산과 어떠한 물건이 좋을지 등을 체크해 두는 것이 좋다. 그리고 가능한 한 똑같은 물건을 단시간에 구입하는 것이 합리적인 방법이다. 나갈 때마다 뭐 좋은 선물이 없을까 뒤지고 다닌다는 것은 대단히 어리석은 짓이다.

　시장 등에 갔을 때 적당한 물건이 있으면 나간 김에 사도 좋고, 술이나 담배라면 귀국할 때 공항 면세점에서 구입해도 충분하다.

　참고로, 기념품을 고를 때는 "가볍고, 작고, 깨지지 않는 것"이 원칙이다. 싸니까 또는 진귀하다고 해서 무겁고 부피를 차지하는 것, 또는 깨지기 쉬운 것을 골라서는 안 된다.

지나친 욕심은 금물

　모처럼 해외에 나온 만큼 가 보고 싶은 곳도 많고, 해 보고 싶은 것도 많을 것이다. 때문에 짧은 일정을 빡빡한 계획으로 가득 채우는 사람이 있는데, 이것은 결국 후회만 남게 될 공산이 크다

예를 들어 가격이 저렴한 투어를 발견했지만 옵션 투어에 계속해서 참가하는 경우. 결국은 값비싼 여행을 하는 것이나 마찬가지이므로, 도대체 무얼 위해 싼 투어를 골랐는지 아리송하지 않을 수 없다.

계획을 세우는 단계에서 보고 싶은 관광지나 이동 코스를 "여기다" 하고 너무 못박듯이 정해 버리는 것도 좋지 않다. 선택의 여지가 없기 때문에, 비싼 투어를 부득이하게 고를 수밖에 없는 경우도 있다.

여하튼 해외 여행에서 지나친 욕심은 금물이다. 일상 생활에서 벗어나 다른 문화를 체험한다는 생각으로, 무리 없이 소화해 낼 수 있는 계획을 세우자. 금전적인 부담이 너무 크거나 계획이 너무 빡빡해 지쳐 쓰러지게 된다면 즐거워야 할 여행은 순식간에 엉망진창이 되고 말 것이다.

귀국 다음날로 일정을 잡는 것은 삼가라

연휴를 최대로 활용하여 빈틈없는 여행 계획을 세웠다. 귀국 비행기 편도 빨리 도착하는 것으로 예약해 놓았으니, 그날 밤은 푹 쉬고 다음 날부터 정상 출근, 그리고 그날은 중요한 회의가 있으니까 너무 피곤할 정도로 놀지 않도록 여행 마지막 날도 여유 있는 스케줄로…… 하고 제딴에는 만전의 계획을 세웠다고 생각했는데…….

그런데 귀국 날짜에 공항에 가 보니 대설로 인한 운행 정지로 출발이 연기되어 무작정 시간만 흘러가거나, 혹은 돌연한 기상 악화로 가긴 잘 갔지만 착륙을 못하고 회항하여 엉뚱한 공항에 내리는 일도 있을 수 있다. 이렇게 되면 물샐틈없는 계획도 한순간에 수포로 돌아가게 되고 만다.

비행기는 인력으로는 어쩔 수 없는 기상에 좌우되는 요소가 크다.

따라서 귀국이 하루 정도 지연되더라도 업무 등에 지장이 없도록, 중요한 일정은 귀국 다음날로 잡지 않는 것이 좋다.

"선물은 귀국하는 날에"라는 생각은 금물

패키지 투어에 참가하여 일정표를 보니, 아침 식사 후부터 오후의 출발 시간까지는 자유로 기재되어 있었다. 그래서 "기념품은 마지막 날 한꺼번에 사야지" 하고 대수롭잖게 여겨, 체재하는 동안은 실컷 놀았다고 하자.

그러나 막상 마지막 날에는, 적어도 출발 시간 3시간 전에는 전원이 집합하시고, 호텔에서 공항까지는 이러이러한 시간이 걸리며, 체크인은 2시간 전에…… 등으로 설명을 듣다 보면 바로 그 시간에 하려던 쇼핑에는 도저히 짬이 나지 않게 된다.

호텔 근처에 쇼핑가가 없는 경우에는 물건을 점찍어 둘 수조차 없다. 게다가 그런 곳의 매점들이 이른 아침부터 영업을 할지도 의문이다. 결국은 공항의 면세점에서, 선택의 폭이 좁은 가운데서 좋든 싫든 골라야 하는 수밖에 없다.

국내와 달리, 토요일, 일요일은 가게들이 정확하게 문을 닫고 휴업하는 나라도 많다. 때문에 현지를 떠나는 날이 무슨 요일인가를 체크하는 것도 필수이다.

어떤 일이 있어도 기념품을 꼭 사다 주어야 하는 사람이 있다든지, 사다 달라고 부탁받은 물건이 있다면 "귀국하는 날에 한꺼번에" 하는 안이한 생각은 금물이며, 여유가 있을 때 확실하게 입수해 두는 용의주도함이 필요하다.

호텔을 예약할 때는

 투어의 호텔, 안이하게 정하지 말라

소수 인원을 모집하는 투어의 경우, 이용할 항공사는 정해졌으나 호텔은 랭크만 표시돼 있을 뿐 어디서 숙박을 하는지에 대해 확정돼 있지 않은 경우가 있다.

요금에 따라 호텔의 랭크는 보통 4단계 정도로 분류되는데, 적어도 어떤 호텔이 후보에 올라 있는지 정도는 확인해 두어야 한다.

가격이 저렴한 투어 가운데는, 호텔이 시가지로부터 멀리 떨어져 있어 교통이 좋지 않기 때문에 실제로 행동할 수 있는 시간이 대폭적으로 제한되거나 하는 일이 있다.

비슷한 스케줄, 비슷한 코스의 투어가 여러 개 있을 때는, 선택 기준으로 호텔의 입지 조건을 따져야 한다. 투어 요금에 비하면 턱없이 좋은 디럭스 타입의 호텔이라 하더라도 교외에 위치하고 있다면 여러 가지로 불편함이 따를 수밖에 없다.

왕복 티켓뿐인 프리 플랜의 여행을 할 때도 스스로 호텔을 고를 때는, 반드시 지도에서 호텔의 위치를 확인한 후에 정해야 한다. 공항으로부터의 거리, 버스나 철도 터미널까지 소요되는 시간, 번화가에 이르는 길이나 교통 수단 등, 여러모로 꼼꼼히 따져 체크하지 않으면 많은 손실이 따르게 된다.

인터넷으로 호텔을 예약할 때는 이 점에 주의

인터넷의 확산으로 요즘은 해외의 호텔 예약이 훨씬 간편해졌다. 외국어를 못해도 간단하게 예약할 수 있는 세상인 것이다. 그러나 한편으로 인터넷은 자신의 개인 정보가 전세계에 유출될 위험성을 내포하고 있다.

호텔 예약을 인터넷을 이용하여 하는 경우, 신용 카드 번호와 유효 기간을 알려 줌으로써 "확정(confirm)"이 되는 일이 많다. 그러나 바로 여기에 위험이 내재되어 있는 것이다. 즉 보안성이 없는 사이트에서는 어디서 어떤 식으로 도난을 당한다 해도 이상할 것이 없다.

그렇다면 카드의 개인 정보가 유출되는 것은 어떻게 막을 수가 있을까. 무엇보다도 보안성이 철저한 사이트를 이용해야 한다.

보다 더 신중을 기하자면, 호텔 측에서 카드 정보의 제시를 요구하더라도 그것만을 따로 팩스로 보내도 된다.

"신청"만으로 예약이 끝났다고 생각하면 큰일

여행사에 예약을 신청했더니 직원으로부터 "신청을 접수합니다"라는 대답이 왔다고 치자. "접수합니다"라고 했으니까 예약이 완료됐겠지 하고 생각하기 쉬운데, 이것은 섣부른 착각이다. "신청"은 어디까지나 "신청"으로써 주문을 접수했다는 얘기이다. 이제부터 알아보겠다는 뜻으로써 이 단계에서는 아직 예약이 성립된 것은 아니며, 이제부터 예약을 개시하는 단계라고 생각하면 된다. 나중에 "예약할 수 없습니다"라는 대답을 듣게 되더라도 불평할 사항이 아니므로 주의하자.

항공사를 잘 고르려면

 싸다는 이유만으로 항공권을 선택하지 말라

사람들이란 그저 가격이 싼 항공권에 현혹되게 마련이지만, 그저 싸다는 이유만으로 구입하는 것은 생각해 볼 일이다.

항공권을 살 때 반드시 체크해야 할 것이 몇 가지 있는데, 그 중에서도 가장 유념해야 할 것이 목적지에 도착하는 시간이다. 예를 들어 홍콩에 가는 경우, 티켓에 따라서는 저녁때쯤 본국을 떠나 현지 시간 22시에 도착하면, 호텔에 도착하는 시간은 23시 정도가 되는 일도 있다. 이렇게 되면 일정의 첫날을 그냥 공치게 되는 것이나 다름없다.

하룻밤 푹 쉬고 다음날부터 행동할 수 있어서 좋다는 사람도 있을지 모르겠지만, 같은 홍콩행이라도 오전 중에 출발하는 편을 타면 현지 시간 15~16시에는 호텔에 체크인하여 거리 관광에 나설 수도 있다. 간단한 쇼핑이나 관광 한 군데 정도, 식사 등 도착 당일에 할 수 있는 일들이 의외로 많다.

이 점에서, 움직일 수 있는 날수를 따져 계산한다면 결과적으로 하루가 더 많은 것이나 다름없다. 싼 티켓을 구입해 일정의 하루를 10만 원이 넘는 호텔에 들어 잠만 자며 허비하는 것보다는 설령 7~8만 원 더 비싸더라도 오전 중에 출발하는 비행기 편을 타고 가는 것이 이득이라고 할 수 있을 것이다.

도착 시간은 일례에 지나지 않는다. 패키지 투어를 선택하는 경우를 포함하여 항공권을 구입할 때는 가격만으로 결정해서는 안 된다. 자신의 여행 계획에 맞춰 여러 면에서 체크할 필요가 있다.

항공사라고 해서 어디나 다 같은 것은 아니다

투어의 내용이나 요금에 민감하게 반응하는 것과는 딴판으로 항공사에는 전혀 무관심한 사람이 있는데, 이러한 사람은 생각을 고치는 것이 좋을지도 모른다.

비행기는 무사히 날아 목적지에 그저 닿기만 하면 족한 것이 아니다. 즐겁고 쾌적한 여행을 원한다면, 항공사의 선택은 비교적 중요한 포인트라고 할 수 있다.

우선 무엇보다 중요한 것이 그 항공사가 IATA(국제 항공 운송 협회)에 가맹된 회사인지 아닌지 알아보는 일이다. IATA에 가맹돼 있지 않은 항공사일 경우, 만일의 사태가 나더라도 그에 대한 보상을 기대할 수 없다.

다음으로 중요한 것이 항공사의 소속 국가이다. 개발 도상국 항공사의 비행기는 화장실이 불결하거나 서비스의 질이 낮은 등, 여러 가지 문제점을 드러낼 수도 있다.

그 나라를 대표하는 항공사(flag carrier)를 고른다면 큰 문제는 없을 것이다. 이런 항공사는 자국의 공항에서도 좋은 시설을 이용하기 때문에, 체크인 카운터도 많고 라운지도 훌륭하다.

심야에 도착하는 편은 피하라

단체 여행이라면 몰라도 개인적으로 여행하는 경우에는 비행기가 현지에 몇 시에 도착하게 되는지를 확실히 파악하여, 심야에 도착하는 편은 피하는 것이 좋다. 최근 동남아시아 등의 공항에서는 심야에 도착하는 관광객들을 노리는 범죄가 빈발하고 있다고 한다. 공항의 경비가 느슨한데다가 시내로 가는 교통 기관이 택시밖에 없는 경우도 많아, 이 점을 노린 범행이 잦다.

마찬가지로 이른 새벽 현지로 출발하는 편도 위험하기는 매한가지이다. 여성은 물론이거니와 남성이라 할지라도 소수의 인원으로 움직이는 것은 위험하므로, 심야나 이른 새벽은 피하는 것이 좋다.

새벽에 도착하는 편도 피하라

해외 여행의 스케줄을 세울 때, 반드시 염두에 두어야 할 또 한 가지가 바로 시차를 어떻게 극복할 것인가 하는 문제이다.

그때까지 아침부터 밤까지 활동하고 밤에는 수면하는 일상적인 리듬에 길들여진 몸이 한순간에 시공을 초월하여 전혀 다른 낯선 땅, 낯선 시각으로 들어서는 것이므로, 어떠한 이변이 생긴다 해도 이상할 것은 없다.

단, 도착하는 날도 가급적 길게 이용하고 싶은 욕심에 오전에 도착하는 편을 고르게 되면 비행에서 오는 피로가 남아 있는데다 여행의 설레임으로 신경이 극도로 흥분돼, 졸린 듯 안 졸린 듯 머리 속이 몽롱하고 머리와 몸이 따로 노는 것같이 어수선한 등, 그 당혹감이 여행 내내 지속되는 수도 있다.

현지에 도착하는 것이 아침이라면 그날의 시작이야 좋을지 몰라도 점차로 리듬이 깨져 하루가 무척 길게 느껴지게 된다. 여행의 출발서부터 이런 상태라면 그러한 기분을 돌아올 때까지 계속 끌고 다니게 될 수도 있다.
 가능한 한 저녁에 도착하여 그날은 그대로 쉴 수 있도록 한다면, 그 사이에 컨디션도 정상으로 돌아올 것이다.

보험은 이렇게 하라

🪧 상해 보험을 세트로 드는 것은 돈 낭비

해외 여행에 나설 때는 해외 여행 상해 보험에 가입해 두면 보다 안심하고 여행할 수 있다. 그러나 문제는 그 가입 방법. 여행사 등으로부터 얻는 팸플릿에는 주로 세트형 보험의 요금만 표시되어 있는 경우가 많아, 대부분의 사람들이 그것에 가입하는 것 같다. 그러나 이 경우, 필요치 않은 보험까지 들게 돼 비싼 돈을 지불해야만 한다.

해외 여행 상해 보험의 기본 계약으로는 상해와 사망, 후유 상해와 치료 비용 등이 있다. 또한 특약으로는 질병의 치료 비용과 사망, 배상 책임, 구원자 비용, 휴대품, 자동차 운전자 배상, 여행 단축 비용 등 실로 다양하다. 기본적인 것은 필요하지만, 특약에 관해서는 스스로 판단해서 필요치 않다고 생각되는 것은 생략해도 무방하다. 어느 보험사든 세트가 아닌 개별 가입도 가능하므로, 여행의 유형에 맞춰 가입하도록 하자. 이렇게 한다면 보험료를 훨씬 절약할 수 있을 것이다.

🪧 출발 직전에 가입하지 말 것

여행 보험을 세트로 파는 투어일 경우, 가입 수속은 필요없다.

그러나 앞에서 말한 바와 같이, 이러한 보험은 보험료가 비싸므로 싸게 하려면 스스로 필요한 것만을 선택하는 것이 좋다. 그리고 수속은 가급적 빨리 끝내 두어야 한다.

　예를 들어 여행을 시작하여 아직 공항에 닿기도 전에 교통 사고가 나 출발조차 제대로 못하게 됐다면, 상해 보험은 치료비를 보상해 주게 되며, 여행 취소 비용이 지불되는 경우도 있다.

　단, 이것이 적용되려면 적어도 출발 1주일 이전에 가입해 두지 않으면 안 된다. 여행 기분에 들떠 무심코 나중으로 미루는 일이 없도록, 필요한 수속은 일찍일찍 해 두자.

짐을 꾸릴 때 주의할 점

 떠날 때부터 가방이 불룩해서는 곤란

해외 여행의 경우에는 아무래도 짐이 많아지기 쉬운데, 돌아올 때를 생각들은 하면서 짐을 싸는 것인지.

짐을 싸는 데도 철칙이 있다. 주의해야 할 것이, 너무 빽빽하게 채우지 말고 기념품을 넣을 공간 정도는 비워 두어야 한다는 것이다. 그러나 단순히 공간을 비워 두기만 해서는 안 된다. 안에 있는 내용물이 이리저리 쏠릴 수 있으므로, 빈 공간은 타월이나 T셔츠 등으로 채워 두는 것이 좋다. 기념품으로 접이식 가방을 가져가는 것도 좋을 것이다.

그리고 짐은 "메인 백"과 휴대용 "서브 백"으로 구분하는 것이 상식이다. 메인 백으로 트렁크를 사용하여 짐을 꾸릴 때는, 세웠을 때 무거운 것은 아래(캐스터 쪽) 쪽으로, 구겨지면 곤란한 것은 위쪽으로 넣는다. 속옷이나 약 등은 봉투에 넣어 보관하되, 투명 비닐 봉투를 사용하면 내용물이 잘 보여 관리하기에 편하다.

깨지기 쉬운 것은 타월이나 T셔츠 등으로 말아 두면 별 탈 없을 것이다.

 이동이 많은 여행에 트렁크는 걸맞지 않다

방문하는 나라는 한 나라일지라도 그 국내를 여기저기 돌아다니게

   되는 경우, 또는 목적을 확실히 정하지 않고 가는 장기 여행의 경우처럼 이동이 많은 여행을 하려 할 때 가장 문제가 되는 것이 짐을 어떻게 처치하느냐 하는 것이다.
   쓸데없이 힘들이지 않고 효율적으로 움직이기 위해서는 트렁크를 가득 채우는 것은 좋지 않다. 그리고 무엇보다도 짐은 배낭에 넣어 짊어지는 것이 좋다.
   배낭을 사용하게 되면 우선 언제라도 양손을 자유롭게 사용할 수 있다는 것이 최대의 장점이다. 다소 걷게 되더라도 짐의 무게가 몸에 가하게 되는 부담도 얼마 안 되며, 장거리를 버스로 이동하는 경우에도 배낭은 편리하다. 또 짐이 적으면 나름대로 작고 가볍게 만들어 사용할 수 있기 때문에, 사이즈가 늘 일정한 트렁크를 덜덜거리며 다니는 것보다 훨씬 편하게 사용할 수 있다.

뭐니뭐니 해도 이동할 때는 가뿐한 것이 최고. 허니문으로 휴양지의 별장에 묵는 경우가 아니라면, 구태여 트렁크를 끌고 해외 여행을 갈 필요는 없지 않은가.

여행 용품은 빌려도 좋다

해외 여행을 가기로 결정이 되면 이것저것 사고 싶은 것도 많아질 것이다. 그러나 모든 필요 용품을 다 사서 충당하려 해서는 안 된다. 트렁크와 같이 평소에는 별로 사용할 일이 없는 물건은 사는 것보다 빌리는 것이 더 유리할 수도 있다.

따라서 여행 용품을 구입할 때는 사용 빈도와 가격, 대여료를 꼼꼼히 비교해 본 후 구입해야 한다. 트렁크와 같이 부피가 큰 것을 사게 되면, 그것을 보존할 공간까지 계산에 넣지 않으면 안 된다. 여행 용품 구입에 돈을 잔뜩 들이느니 차라리 용품을 빌리고, 남는 돈으로 더 풍요로운 여행을 즐기는 것이 낫지 않을까.

반입 금지 물품은 절대로 넣지 말 것

해외에서 본국으로 귀국할 때, 기념으로 산 야채나 식물, 포르노 테이프 등을 갖고 있게 되면 몰수당할 수 있다는 사실은 잘 알고 있으나, 반대로 외국에 가지고 나가서는 안 되는 물품(반입 금지품)도 있다는 것에 대해서는 잘 모르는 것 같다. 물론 국가마다 품목은 다르다. 우리로서는 고개를 갸우뚱할 수밖에 없는 것도 있으므로 주의하자.

우선 상식적으로 생각해 볼 때, 타기 쉬운 물건(인화성이 강한 오일류나 폭발물 등), 약품, 총포, 무기, 도검류 등의 위험물은 어느 나라를 막론하고 금지, 또는 제약이 되고 있다.

그 밖에도 나라에 따라 다양한 반입 금지 품목이 있다. 아이티 공화국의 경우에는 커피를 가지고 들어갈 수 없으며, 케냐 등에서는 장난감 총조차 반입이 허용되지 않을 정도로 총기류에 대해서는 예민하다.

그리고 대만에 입국할 때는 포로노류에 대해 특별히 주의해야 한다. 실제로 기내에서는 태연하게 보던 누드 사진이 들어 있는 주간지를 가지고 있다가 입국에 애를 먹었다는 이야기도 있다

국내에서는 그저 평범할 따름인 물건도 국가에 따라 사정이 크게 다를 수 있으므로, 입국 시에는 신중에 신중을 기해야 할 것이다.

담배를 많이 사 가는 것은 오히려 손해

해외 여행을 갈 때, 애연가들은 혹시라도 담배가 떨어지지나 않을까 트렁크를 꽉꽉 채우고, 수하물 속에도 몰래 감춰 들여간다. 비록 기내는 금연이라 피울 수 없지만, 어디고 피울 수 있는 곳만 나타나면 즉시 피우겠다는 심산인 것이다.

물론 국산의 특수한 제품이 자기 취향이기 때문에 그것이 아니면 싫다는 사람들이라면 반입이 허락되는 200개피가 넘지 않는 선에서 준비를 할 수도 있는 문제이다.

그러나 비교적 대중적인 담배를 애용하고 있다면, 출국 심사를 마친 후 면세점에서 구입하는 것이 훨씬 이익이다. 여기서 필요한 만큼 사면 될 일이다.

오래 된 안내 책자는 도움이 되지 않는다

해외 여행을 할 때는 가이드북이 아주 유용하게 쓰인다. 초심자처럼

　보일까 봐 싫다는 사람도 있으나, 남의 이목에 신경 써 봤자 알아줄 사람이 하나도 없다. 여행에 어지간한 달인한테도 이 가이드북은 아주 요긴한 물건이다.
　그러나 모든 가이드북이 다 유용한 것은 아니다. 오래 된 것은 피하는 것이 좋다. 이전에 여행했을 때 구입한 책일 수도 있고, 친구가 옛날에 사용했던 것을 빌려 주었을 수도 있겠지만, 여하튼 그런 고물 안내서는 도움이 되지 않는다. 마을의 모습은 시시각각으로 변하게 마련. 몇 년이 지나는 동안 가게가 없어져 버리거나 새로운 것이 생겨났을 수도 있는데, 낡은 책자에 의존해 점찍어 둔 장소를 찾으려 한다면 결국 해가 질 때까지 아무것도 못 찾고 헛걸음만 하게 될 것이다.
　가이드북은 새로울수록 좋다. 가이드북 값을 아끼기 위해 귀중한 시간을 허비하는 일이 없도록 하자.

방문하는 나라만큼의 지갑을 준비하라

　동남아시아를 차례로 순방하는 여행이나 유럽 일주 여행에 나설 생각이라면 지갑 하나만으로는 불안하다. 나라에 따라 통화가 각기 다르기 때문에, 서로 다른 나라의 동전을 한 지갑에 섞어 가지고 다니게 되면 나중에 선별할 때 적지않이 고생을 하게 된다.
　모양이 비슷비슷한 여러 나라의 동전을 "이것은 프랑스, 이것은 이탈리아……" 하면서 구별하기란 익숙지 않은 사람에게는 극히 어려운 작업이다. 일단 섞어 버리게 되면 아주 골치 아파지므로, 방문하는 나라의 숫자만큼 지갑을 준비하는 것이 좋다.
　많은 지갑을 가지고 다니는 것이 싫다면 적어도 두 개 정도는 준비하자. 사용하지 않는 동전은 봉투 등에 넣어 따로 보관하고, 지갑에는 이제부터 사용할 화폐를 새로 바꿔 넣으면 되는 것이다.

잊은 물건이 없는지 다시금 체크할 것

🧳 더운 지역이라도 반소매만으로 가는 것은 삼가라

남국의 휴양지나 아프리카 등, 사계절이 무더운 나라에 갈 때도 반소매 옷만을 가지고 가서는 안 된다. 기내나 휴양지의 호텔 등에서는 손님에 대한 서비스로써 에어컨을 세게 틀어 주는 일이 많기 때문에, 긴 소매의 웃옷이 없으면 꼼짝없이 추위에 떨어야만 할 수도 있다. 또한 아프리카 등지에서는 아프리카 모기에 쏘이지 않도록 예방하기 위해서도 긴 소매의 웃옷은 필수품이다. 스프레이식 방충제나 살충제 등도 국내에서부터 지참해 가는 것이 좋다.

🧳 다소 짐이 되더라도 슬리퍼는 필수품

해외 여행의 필수 아이템은 여러 가지가 있지만, 결코 빼놓을 수 없는 것 중 하나가 슬리퍼. 짐은 적을수록 좋지만, 슬리퍼만큼은 절대로 잊어서는 안 된다.

해외 여행은 여행 시간이 길기 때문에, 이 시간을 어떻게 하면 편하게 보낼 수 있을 것인가 하는 것은 중요한 문제이다. 이때 슬리퍼가 있다면 실로 편하다.

호텔에서도 슬리퍼는 크게 도움이 된다. 국내와 달리 해외의 호텔에서는 슬리퍼를 제공해주는 곳이 많지 않기 때문이다.

그리고 슬리퍼는 반드시 기내 휴대 수하물에 넣어 가지고 들어가야 함을 잊어서는 안 된다. 짐만 많아진다고 빼놓고 가거나 위탁 수하물 속에 넣어 버린다면 가져가는 의미가 없다.

🏊 수영하지 않더라도 수영복 한 벌쯤은 준비할 것

사계절이 항상 여름인 나라의 휴양지에 갈 때 수영복을 잊고 가는 사람은 없을 것이다. "그러나 이번 여행은 북국이고, 옵션 투어로 트레킹이 있는 산악 지대로 가니까, 수영할 일은 없어" 하고 생각했다 해도 수영복 한 장쯤은 만일을 위해 준비해 가는 것이 좋다.

예를 들어 화산 지역을 트레킹하는 도중에 국내에는 알려져 있지 않은 노천 온천이 있을 수도 있는 일이다.

유럽의 고성을 순례하는 여행을 할 때도 도시의 호텔에서 숙박만 하는 여행이 아니라면, 수영복이 필요해질 일은 더더욱 많다. 아시아의 시골 여관에 가게 되면 욕실에 열쇠가 없는 것은 아무것도 아니고, 문조차 없는 곳도 있다.

그럴 때, 특히 여성은 비키니 수영복을 가지고 있는 것만으로도 마음이 든든할 것이다.

전혀 수영할 예정이 없는 여행이더라도, 그리고 설령 계절이 겨울이라 하더라도 속옷을 한 벌 줄이는 셈치고 수영복을 가방에 챙겨 넣는 것을 잊지 말자.

작은 메모장은 여러모로 편리

그날 방문한 관광지에 대한 감상을 적거나 지출한 돈의 금액을 기입할 때, 또는 기념품 리스트를 적거나 할 수 있는 작은 노트 하나 정도는 해외 여행에 필수적이다.

또한 관광 도중에 무언가 잘 모르는 것이 있을 때, 필담으로 대화를 나누는 데도 이 메모장은 필요하다. 물론 이탈리아나 스페인에서는 자국어로 열심히 글을 써 봤자 읽을 줄 아는 사람이 있을 리 없다. 그럴 때는 그림을 그려서 길을 묻든가 택시 승강장을 가르쳐 달라고 하면 된다. 묵고 있는 호텔의 철자라든가 방문하고 싶은 장소의 고유 명사 정도는 현지어로 알아 두는 것이 좋다. 또 간단한 영어라면 많은 나라에서 의사 소통이 가능할 것이다.

서투른 발음으로 지껄여 봤자 통할 리도 없고, 또한 상대방의 사투리가 강해 알아듣기 힘들 때도 필담이라면 그럭저럭 대화가 가능하다. 언제 어디서 어떻게 쓰일지 모르는 메모장. 해외 여행에는 필수이다. 물론 필기구도 함께.

선진국에서도 현금은 필요

신용 카드의 보편화로, 해외 여행을 떠나면서 많은 현금을 가지고 나가는 시대는 이미 지나갔다. 그렇지만 약간의 현금도 없이 여행에 나서는 것은 좋지 않다. 비록 현금 카드를 소지하고 있다 해도 사용할 수 있는 장소는 아직 한정돼 있으며, 여행자 수표를 현금화할 수 있는 장소도 많다고는 할 수 없다. 개발 도상도국은 물론이거니와 선진국이나 유명 휴양지에서조차 호텔과 레스토랑, 백화점 등을 제외한다면 한 발짝만 밖으로 나가도 현금 없이는 아무것도 영위할 수 없는 장소가 적지 않다.

현금이 없다면 곤란해질 수 있는 상황이 의외로 많다는 것을 기억해 두자.

장기 여행을 떠날 때는, 집을 맡기는 일도 고려할 것

어떠한 자격증을 취득하기 위해 잠시 동안 해외에 체재하거나 전직을 기회로 재취직할 때까지 해외의 친구 집에 기거하면서 잠시 동안 몸과 마음을 재충전하는 등, 장기간의 해외 여행에 나서는 사람도 최근 들어 늘고 있다.

가족들과 함께 사는 경우라면 여행 기간 동안 집이 비는 것을 걱정할 필요는 없지만, 혼자서 사는 경우라면 떠나기 전에 해 놓고 가야 할 일들이 많다.

대부분의 사람들이 신문 정도는 끊어 놓고 간다. 그러나 의외로 잊기 쉬운 것이 우편물의 우송. 고향집이나 아는 사람의 집을 전송받을 곳으로 정했으면 보통 이사할 때와 마찬가지로 "전송 신고서"를 우체국에 제출해야 한다. 만일 중요 서류나 긴급을 요하는 것이 도착할 수도 있으므로, 그 연락을 부탁하는 경우도 고려하여 최대한 폐가 되지 않도록 배려해야 한다.

이 밖에도 집을 비워 두는 기간에 따라 전화를 끊는다거나 전기나 가스 계약에 관한 것 등 세세한 일까지 신경을 쓰지 않으면 안 된다.

여행 계획이라는 것은 어떤 루트로 어디에 가서 무엇을 할 것인가 하는 것뿐만 아니라 자신이 떠난 후 텅 비게 되는 집에 대한 사후 대책 등도 포함된다는 것을 잊지 말 것.

대사관의 연락처는 반드시 알아 둘 것

아무 일도 없이 무사히 여행을 마치고 돌아왔다면 그것으로 다행이다. 그러나 여행지에서는 일이 일어난 후에 손을 쓰려 하면 이미 늦는 경우가 많으므로, 만일에 대비하는 마음가짐을 철저히 해야 한다.

병이 나고, 도난을 당하고, 범죄에 휘말리는 등등, 어쨌든 암담한 일이 생겼을 때 가장 의지가 되는 것은 현지에 있는 자국 대사관이나 영사관이다. 외국 여행에 여권이 필요한 것은, 만일의 경우 조국이 당신을 지켜 주겠다는 의미가 거기에 담겨 있기 때문이다.

그러므로 방문하려는 나라의 대사관 전화 번호는 반드시 알아 놓아야 한다. 그러나 전화 번호 메모를 호텔 룸의 가방 속에 넣어 둔 채 나온다면 아무런 의미가 없다. 외출한 곳에서 노상 사고 등이 났을 경우 아무런 도움이 되지 못하며, 중요하다고 여권과 함께 가방에 잘 넣어 두었다 해도 만일 그 가방을 송두리째 잃어버리기라도 하면 볼장 다 본 것이다. 머리 속에 확실하게 입력시켜 두든지, 손바닥에 써서 필요할 때 보든지는 당신 자유지만, 어쨌든 문제가 생겼을 때 곧바로 전화할 수 있는 태세를 갖춰 두는 것이 중요하다.

👆 **여권과 똑같은 사진을 가지고 있는가**

도난이든 분실이든 여권을 잃어버리게 되면 여행은 거기서 중단된다. 그리고 재발급받을 때까지는 꼼짝도 할 수가 없다.

경우에 따라 "귀국 도항서"를 발급받으면 일단 본국으로 돌아갈 수는 있지만, 여행을 계속하고 싶을 때는 현지 대사관이나 영사관에 신청서를 제출하고 재발급까지 10일 정도는 기다려야 한다.

왜 그렇게 시간이 걸리냐면, 일단은 대사관으로부터 자국의 외무부에 연락을 넣으면 그때부터 여권 번호, 발행 연월일, 발행지, 본인의 신분 증명 등등, 까다로운 확인 절차에 들어가게 되는데, 이들이 전부 통과된 후 외무부가 OK를 해야 비로소 대사관이나 영사관이 재발급을 해 주게 되기 때문이다.

여기서 만일의 분실에 대비해 어떠한 준비를 해 두는 것이 좋을지 짐작할 수 있을 것이다. 우선 자신의 여권 번호, 발행 연월일, 발행지를 메모해 두는 것은 당연하고, 운전 면허증 등 신분 증명서가 될 만한 것, 그리고 지정된 사이즈의 얼굴 사진을 가지고 있는 것이 좋다.

　여권을 만들 때 사용한 것과 똑같은 사진을 여분으로 가지고 있지 않을 경우, 낯선 땅에서 사진 찍으랴, 현상되어 나올 때까지 기다리랴, 여행지에 따라서는 10일이 12일, 2주 등으로 자꾸자꾸 지연돼 버릴 수도 있다.

주요연락처 (주한외국대사관)

나 라	주 소	연락처
그리스	서울 중구 장교동1 현암빌딩 27층	02-729-1401
네덜란드	서울 종로구 종로1가 교보빌딩 14층	02-737-9514~6
노르웨이	서울 용산구 이태원동 124-12	02-795-6850~2
덴마크	서울 용산구 이태원동 260-119 남송빌딩 5층	02-795-4187
독일	서울 용산구 동빙고동 308-5	02-748-4114
벨기에	서울 용산구 동빙고동 1-65	02-749-0381
스웨덴	서울 종로구 서린동 136 한효빌딩 12층	02-738-0846
스위스	서울 종로구 송월동 32-10	02-739-9511~4
스페인	서울 용산구 한남동 726-52	02-794-3581
영국	서울 중구 정동 4번지	02-3210-5500
오스트리아	서울 종로구 종로1가 교보빌딩 19층	02-732-9071~2
이탈리아	서울 용산구 한남동 37-3	02-796-0491~5
일본	서울 종로구 중학동 18-1	02-2170-5200
중국	서울 중구 명동 2가 83번지	02-755-1025
체코	서울 용산구 한남동 657-42	02-796-6453
프랑스	서울 서대문구 합동 30번지	02-312-3272
핀란드	서울 종로구 종로1가 교보빌딩 1602	02-732-6737
포르투갈	서울 종로구 신문로2가 89-29	02-738-2078~9
헝가리	서울 용산구 동빙고동 1-103	02-792-2103~6